談話標識へのアプローチ

研究分野・方法論・分析例

小野寺典子＝著

Approaches to Discourse Markers:
Fields, Methodologies, and Analyses

ひつじ書房

まえがき

1987年Deborah Schiffrinによる*Discourse Markers*(『談話標識』)の刊行以来、40年弱が経った。あれから今日に至るまで、世界のあらゆる言語の談話標識が研究されるようになり、現代語だけでなく、標識の発達を描く通時的(歴史的)研究も盛んになった。たいへん喜ばしいことだが、大学生や若手の方が、いざ、研究を始めようとする時、研究アプローチの多様さ、アプローチによるデータの扱いの異なりなどがあり、研究を進める上での困難さも目立つようになった。

本書は、これまでの談話標識研究を振り返り、多様化したアプローチや談話標識研究分野の概念を整理・解説したものである。英語原書による先行研究を全て読まずとも、談話標識研究の概要やコツがわかるようにと、まとめたものである。第1章では、アプローチの多様化、談話標識と語用論標識という呼び方、標識の出現場所など、談話標識研究を複雑にした問題点を洗い出した。第2章では、第1節で、言語研究をする際、前提となる3点を挙げた。この3点は、研究分野の伝統的性格とも言え、アプローチの異なりを生む。そして第2節で、談話標識研究への複数の学術的アプローチを解説した。第3章では、これまでの談話標識研究の主要な3アプローチ(Schiffrin, Fraser, Brinton)を概観した。つづく第4章で、言語のちがいからどのような差異が生まれるのか、という共時的日英語比較の談話分析を行った。現代日英語で使われている談話標識について、情報構造をマークするもの(4.1)、標識「で」とandについて(4.2)、分析した。第5章は、通時的分析についてである。文法化・(間)主観化・構文化というプロセスについて解説し、また、日英語の実際例を掲載した。最後の第6章では、談話標識の通時的発達について提案された4つの仮説的プロセス(文法化・語用論化・文文法からの組み入れ・構文化)を概説し、この議論から文法・言語学が問い直されるのではという点について述べた。

21世紀は、従来の書きことば中心の言語学に加え、会話などの話しことばを理論・方法論の中核に据えた研究が益々なされていくだろう。これは話しことばが人のインタラクションを含んでいるからであり、そのインタラクションにおいて不可欠の要素の１つが談話標識だと思われる。

本書が、談話標識研究・談話分析に、少しでも参考になる点があれば、幸いである。

小野寺典子

目　次

Transcription Conventions
トランスクリプトに使用された記号

本書の日英語の会話トランスクリプト(一部 Schiffrin 1987 からの会話例含む)で使用された記号は、次の通りです。

第 2、4 章で用いたトランスクリプトは、筆者が所属する青山学院大学英米文学科小野寺ゼミ 2016 年度から 2022 年度までに、毎年ゼミ生が収集・文字化し、クラス内で確認を行ったものです。ゼミ生、参加された院生にも御礼申し上げます。

.	発話末に聞こえる下降調イントネーション
,	句末のイントネーション。「まだあとに続く」と聞こえるもの
?	yes-no 質問のあと等に聞こえる上昇調イントネーション
...	間(ま)。0.5 秒で . 1 秒で .. 1.5 秒で ... (厳密には、年度ごとに話し合いで表記を決めている。)
(2 seconds)	( )内の 2 seconds、3.0 などは、間の長さ(秒)を示す
:	長音化された母音
[	2 人の話者の重複開始
]	2 人の話者の重複終了
Z	2 人の話者の発話が間髪入れずに発された場合、このラッチ(Z 記号)で繋がれる
=	2 人の話者(A、B)の発話が間髪入れずに発された場合、A の発話の右に＝と書かれ、そこから(間髪入れずに)つながる B の発話の左に＝と書かれる
__	強調して発話された部分

'	語の中で、高い音で発された部分
-	声門閉鎖音による途切れ
[　　]	音・声に関する情報。笑い、咳、拍手など
p	弱く発された声
pp	とても弱く発された声
ff	とても強く発された声
acc	速く話された部分
/?/	聞き取れない音
/語(句)/	聞き取りが不確かな語(句)

第 1 章
はじめに

1.　談話標識とは？

談話標識とは、ディスコースマーカー（discourse markers; 以下、略語はDMs）とも言い、私たちが会話をする時になくてはならないものである。会話、つまり、話しことばは、考える時間を取って構築できる書きことばと異なり、すぐに考え、話さなければならない即時的性質を持つため、「あの」「っていうか」「なんか」などの談話標識が、話しことばを織りなしていく際、話し手を助けてくれる。

話し手にとっては、何と言おうか次の語彙を選ぶ時間を稼いだり、固有名詞（人の名前など）や年月日を思い出そうとしたり、相手からの反応を見たり、躊躇したりと、「話しことば」（談話）をつむいでいく際、折々で差しはさむ表現である。談話標識がなかったら、キャンパスでバッタリ会った旧友に、即座に「おととい、六本木で 18 時 36 分ころ、高校時代の恩師、河合福三郎先生に偶然会いました。」と言わなければならないだろうが、人は急に思考・記憶・感情をまとめて話すことはできない。おそらく「あっ、元気ぃ？　あ、おとといね、六本木歩いてた時、6 時半くらいだったかな…高校時代にならってた先生…あの…河合先生…河合福三郎先生覚えてるぅ？　偶然会ったの… すごくない !?」などと話すのではないだろうか。

まずは、バッタリ会った知り合いに気づいた時に「あっ」（mirativity を表す要素[1]）と発声し、「元気？」と交感系の挨拶をし（言語の phatic または social function）、「あの」[2] で時間を稼いで、固有名詞や伝えたい事実関係を何とかまとめながら、伝える。談話標識(やフィラー)がなければ、頭の中を整理しながら、メッセージを伝えることは難しい。

また、聞き手にとっても、談話標識は話し手がこれから行う行為(例「今から話題を変えます」「話の本筋に戻ります」など)を聞き手に伝えるため、談話の意味を理解する助けとなる(第1章3.3 筆者のDMsの定義も参照されたい)。

話しことばにおいては、母語話者であっても、一定量の非流暢さ(non-fluencies または disfluencies; Scollon and Scollon 2001: 1, Schiffrin 2006: 174)が見られるのが常である。非流暢さとは、上の発話例に見られるような、談話標識(「あの」)・間(pauses)・フィラー(「あ」)や、修復(repairs; 言い直し。ここでは、河合先生と言いかけて、フルネームを思い出したため、言い直していること)などを指す。人は、心の状態(state of mind; Yngve 1970)を外に表しつつ、聞き手を巻き込みながら(involvement; Tannen 1984)インタラクションをしている、と言える。非流暢さが見られるのは、話し手が自分が言うことを自己編集(self-editing)しながら、即時的言語を進めているためとも言える。

毎年、年末にその年の「流行語」が発表されるようだが、談話標識は、しばしば、流行りことば・若者ことばになる場合もある。最近の談話標識の例としては「なんか」「てか」「やっぱ」、以前からあるものとしては「だから」「だって」「でも」「さて」「事実」「基本」などがある。発言の冒頭で「なんかぁ」と言って、なんとなく「話を始めますよ」と知らせたり、「てか」(「と言うか」が元の形だろう)と言って、なんとなく前述の事があり、それに言及しているかのごとく、話し始める場合もある。また、会話の開始時に「だっけどさぁ」と言って、少し前のできごと(1時間前、1か月前の出来事など)を思い出しつつ、会話を始める場合も多くある(「だ/で」のこの機能[3]については、Onodera 2004: 115–119, Onodera 2014 などを参照されたい)。たとえば、5月の連休に高速道路のひどい渋滞を体験した話し手が、1か月たってから同乗者との会話を始める際、「だっけど、こないだの渋滞ひどかったよね。サービスエリアにも入れなくて、みんなお腹すいちゃってね…」などと、会話を切り出すことが意外に多い。「だ」がどこか先行する談話の一部を指す (index) 機能があるためで、聞き手は瞬時に、前の出来事との関係がわかる場合がある。

このように、談話標識は、毎日の会話において、話者によって自然に使われているもので、談話の構築・理解をそれぞれ助けてくれる、すぐれものである。各談話標識の意味は、社会(ことば共同体)の中で、時間をかけて共有されるようになり、おそらく便利なものほど後まで残るのだろう。中には 100 年、200 年と時間をかけて表現が成り立ち、慣習化 (conventionalized) されて、普及するものもあるだろう。また少しずつ形を変えていくものもあるだろう。

本書では、この談話標識について、現代語会話の分析 (共時的分析 ; 第 4 章)・成り立ちや発達の分析(通時的分析 ; 第 5 章)の両方を解説する。ぜひ、コミュニケーションのカギともなる談話標識について知り、研究・分析をし、これからの人生のコミュニケーション・異文化コミュニケーションなどに生かしていっていただきたい。

2.　いくつものアプローチの存在

1. で見たように、談話標識は、私たちの会話行動になくてはならない存在である。1987 年に Deborah Schiffrin が著書 *Discourse Markers* を著して以来、世界の言語で談話標識研究が数多くなされてきた。英語を皮切りに、欧州(ドイツ語・フランス語・スペイン語・イタリア語・カタロニア語など)・アジア(日本語・韓国語・中国語・アラビア語・ヘブライ語など)など世界中で、共時的・通時的に観察、分析、考察されている(共時的・通時的については、第 1 章 4. を参照のこと)。

ところが、談話標識研究を大学院生・学部のゼミ生が初めて行おうとするとき、談話標識 (ディスコースマーカー、以降、DMs) を扱っている研究論文・研究書がいくつも出回っているが、それらが複数の異なる学術的アプローチから書かれているため、全てを同時に手に取ってしまい、混乱するという問題が常に起きる。この複数のアプローチがあることについては、第2章で説明し、さらに第3章で具体的に主要なアプローチについて取り上げる。

つまり、現在、「談話標識」の研究には次のような複数のアプローチがある。言語学的談話分析(linguistic Discourse Analysis; DA)。会話分析(社会学。エスノメソドロジー。Conversation Analysis; CA)。言語学の語用論の中でも、関連性理論によるアプローチがある。また、言語学の意味論・形式意味論からのアプローチもある。どれも論文名・本のタイトルに「談話標識」と書いてあるため、若い研究者の方々は、少しずつ異なる方法論を持つアプローチの研究を参照し、同じ風呂敷内に入れてしまうことがある。扱うデータの異なり(自然発生か、作った文か、など)や、そもそもの理論的枠組みの異なりから、1つの研究の中で混乱が起きてしまうことがままある(Fischer 2006: 1 など参照)。

1980年代に主に米国で談話分析(Discourse Analysis; DA)が開始され、話しことば研究[4]の発展に伴い、談話標識研究も世界中でなされるようになった。しかし、交通整理をするような研究書が見当たらなかった。本書は、上のような問題の解決の一助になればと、談話標識研究の整理を試みたい[5]。

3.　談話標識と語用論標識

3.1　用語の使い分け

まず、研究において少し混乱を招くのは、呼び名として談話標識(discourse markers)・語用論標識(pragmatic markers; 以降 PMs)の双方があることだろう。

談話標識・語用論標識は、「聞き手に話し手の意図・これから行う談話管理上のアクションなどを伝えるもの」で、聞き手が聞いた時「こんな意味・意図があるな」と談話の意味の理解を助けてくれる標識である。そうした表現の総称を研究者によって談話標識と呼んだり、語用論標識と呼んだりする。

談話標識も語用論標識も、従来の言語学による品詞(word class)から識別することのできない要素(1語の場合も句の場合もある；例　well, I mean)であり、そのグループは機能から識別される。もともと副詞(例　so, well, anyway, indeed)もあれば、接続詞もある(例　because, and, but)。そして、対人機能(interpersonal function)か接続機能(textual function; Halliday and Hasan 1976)を持つ語用論的要素だと言える。前者で、話し手が聞き手に対し、ていねいに配慮したり、自分の意見の緩和(hedges)をしたりし、後者で、会話を開始したり、順番(turn)を取ったりする。

談話標識・語用論標識のどちらの名称を使うか、両方使うか、両者を区別しながら使うか、は研究者によって異なり、下でおおまかな分類を行うが、標識(DMs, PMs)がおおよそどのようなカテゴリーなのかを理解するのに有用なDegand(2014: 151)の定義を見てみよう。

Degand(同上)によると、DMsは「主な機能が談話レベルにある、あらゆる言語表現を指す」とし、その機能は「[DMが]含まれている発話を談話状況に関連付ける」ものと定義する(筆者訳)。

(1) 広義の談話標識(DMs, PMs)が果たす3つの役割(Degand 2014: 151)

1. 談話構成(テキストの一貫性；textual coherence)
2. 対人的意味(話し手・聞き手のインタラクション的意味；interpersonal meaning)
3. 話し手の態度(認識的意味；epistemic meaning)

Degandは、DMsについては研究者の意見の一致が見られないことに触れたうえで、この3つの貢献をもたらすと考えている。この3つから更にまとめると、標識(DMs, PMs)とは、「談話構成」(discourse structuring function; 例　話題転換、逸脱からの再開、会話の開始など)に寄与し、それを標示し(1より)、「(間)主観的意味」((inter)subjective meaning; 話し手のあらゆる主観的・間主観的意味)を標示する(2、3より)ものと言うことができる。

談話研究者によって、DMs、PMsという2つの用語の採用が異なる。

大まかな使い分けを記しておこう。**談話標識(DMs)を採用**しているのは、Schiffrin (1987, 1994 他)、Matsumoto (1988)、Heine, Claudi, and Hünnemeyer (1991)、Jucker (1997)、Blakemore (2002)、Siepmann (2005)、Onodera (2004)、Johnstone (2008)、Urgelles-Coll (2010)、Degand (2014)、Jones (2012)、秋元・前田(編) (2013)、Heine, Kaltenböck, Kuteva, and Long (2021)、Scivoletto (2022)、Takamura (2022)、水田(2023)他である。

語用論標識(PMs)を採用している研究者は、Brinton (1996, 2017)[6]、Suzuki (1998)、Higashiizumi (2006)、Beeching (2016)、Aijmer and Simon-Vandenbergen (2011)、Aijmer (2013)、原田(2015)などである。

DMs、PMs両方を採用し、それぞれを使い分けている研究者はFraser (1996, 2009)、Verschueren (1999)、Ghezzi and Molinelli (eds.) (2014)、Ghezzi (2014)、Traugott (1995)などである。

また最近では談話構成標識(discourse structuring markers)という呼び方も用いられるようになった(Traugott 2022b)。

3.2 談話標識と語用論標識の区別：Ghezzi (2014: 15–16)の例

標識の重要な2つの機能(談話構成と(間)主観的意味の標示)については、Ghezziは異なる見方を示す。このあたりの、研究者による対応・考え方の異なりが標識研究を複雑に見せているといえるが、Ghezziの分類も参考になる。

3.1で標識(DMs, PMs)の2大機能(談話構成と(間)主観的意味の標示)が確認できたが、この2大機能を果たすものをGhezziはそれぞれ談話標識・語用論標識と呼び、区別している。

(2) Ghezzi (2014)による標識の分類

談話標識(DMs): **談話の構成**について、標示する。

談話接続(discourse-cohesive)をする装置。特に談話内(intra-discourse relations)で、メッセージが前述また後続の談話や言語外の状況とどのように関係するかを標示する。

語用論標識(PMs):(**間)主観的意味**を持つ要素を指す。

上の Degand が指摘した、標識の2大機能をそのまま DMs、PMs の機能として分類しており、わかりやすい。

Ghezzi and Molinelli (eds.) (2014) は、ラテン語からロマンス諸語への発展という、言語の歴史の中で標識の発達を見ており、いくつか例を挙げる。DMs は、ロマンス諸語の中ではしばしば副詞から派生してきており、焦点(focus)を示す標識としてイタリア語の già、フランス語の déjà、コメントと修正の標識として、ポルトガル語の aliás、話題開始か終了の標識としてルーマニア語の atunci、フランス語の alors、譲歩の標識として、フランス語の soit, effectivement が例として挙げられている。

(間)主観的意味を持つとされた PMs は、さらに2つのタイプに分けられており(Ghezzi ibid.: 15)、(1) 話し手が相手への社会的関係を示すものと、(2) 話し手が発話内容やインタラクションのコンテクストとの関係から、スタンスの主観的表現を示すもの、となっている。(2) の例として、認識的意味を弱める挿入句(reduced epistemic parentheticals)であるイタリア語 credo、フランス語 je crois(I think)、イタリア語 non so、フランス語(je) sais pas、スペイン語 no sé(I don't know) が挙げられている。

このように、標識の機能として、ゆるやかな共通の理解があるようにも見えるが、細かな分類などはやはり研究者間で異なっているという現状がある。

3.3　筆者による定義

ここで、DMs についての筆者自身の定義・機能についての考えを挙げておこう。筆者は基本的には Schiffrin (1987) による定義を踏まえつつ、DMs を常に観察している。Schiffrin (1987: 31) による(作業上の)定義は、「話しの単位を括弧づける、連鎖に依存した要素(sequentially dependent elements which bracket units of talk)」である。筆者(小野寺)の定義は、次の通りである。

> DMsとは、接続機能(textual function)または表出機能(expressive function)を持つ語用論的要素である。談話の流れを作ること・構成に貢献したり、また、話し手がそのDMの後続部分でどんなアクション(行為)をしようとしているか、何をしようとしているか(例「でも」・butの後のトピック移行や、wellの後のためらい・配慮など)を聞き手に知らせるもの。

このように、DMは、そのDMがあることで後続部分の理解がしやすくなるようなフレーム(枠組み)を与える役割をする。DMsは談話の単位をくくる括弧(brackets)であるので、そのくくった中身に理解のためのフレームを与える。談話の構築・構成(discourse-structuring)にも貢献するし、また、聞き手に対しては、表出機能(詳しくは主観的・間主観的機能)によって、配慮などさまざまな働きかけを行う。談話の流れの中では、話し手・聞き手双方にとっての交通標識ともなっているだろう。

3.4 研究者間の標識研究の目的のちがい

ここまで、談話標識研究と言っても、さまざまなアプローチがあり、また、語用論標識・談話標識と総称的カバータームも2通りあることを述べた。こうした研究領域の幅広さ・多様性は、PMs/DMs研究をするうえで迷路に入りこみやすい難点であるが、なぜこうした標識の観察、機能の分析・考察に多様性が生まれているのか。この問題に対する答えをFraser(2009)論文が示しているので、ここで述べておきたい。

それは、「研究者が異なる目的に関心を持っているから」(p.294)とFraserは述べている。そもそも、談話標識(語用論標識)は、「文法に含まれるのか否か」「文法なのか、語用論なのか」という言語学上の大問題(文法と語用論のまさに接点)に位置するため、各研究者はそれぞれ自身の分野内で忠実に目的を遂行しようと切磋琢磨している。以下はFraserがまとめた研究者間の目的の異なりである。

標識研究者たちは、同じような用語を用いながらも、全く異なる「目的」

に関心がある(同上)。Van Dijk(1979)は談話接続語(discourse connectives)という名のもとに、いかに「意味論的接続語と語用論的接続語が異なるのか」に関心があった。Schiffrin(1987)は、標識がいかに「談話における意味一貫性」(discourse coherence)に貢献しているのかを表そうとした。また、Fraser(2006)は、語用論的解釈における標識の役割に関心があった。Sweetser(1990)は、語用論的あいまいさにおける標識の機能に注目した。Ducrot(1980)は、議論の場における微妙さを描くため標識研究を行った。そして、Blakemore(2002)は関連性理論の枠組みにおいて、標識がいかに「概念的意味と手続き的意味」の区別を描くのかに関心があった。

上にまとめたように、そもそも談話標識が、言語研究者にとっての大問題「文法に入るのか、語用論の世界のものなのか」を集約した存在であるため、各研究領域にとっては、この大きな問題に対する格闘、観察、考察があり、日々、それぞれに努力してきた結果、さまざまなアプローチごとに標識研究がなされてきたと言えよう。こうした研究の多様性の生まれ方は、他の語用論のトピック(例 ダイクシス・言語行為など)とは異なる様相を見せている。

2021年から2022年にかけて、文法化研究者が次々と標識にまつわる研究書を発表している。標識と文法化理論などとの接点が議論されている(Heine 2013, Narrog and Heine 2021, Heine, Kaltenböck, Kuteva, and Long 2021, Traugott 2022a, Traugott 2022b)。これらの書は、まさに、話しことばにおける標識が、文法の一部なのか何者なのかという言語学的問題にせまっている(第6章を参照のこと)。

4.　共時的分析と通時的分析

談話標識(DMs, PMs)研究には、大きく分けて、共時的分析と通時的分析とがある。

共時的分析(synchronic analysis)とは、そもそも同時代の言語だけを見るという意味で、たとえば、17世紀の英語を見る、江戸時代や明治時代など1つの時代の日本語を見る、という場合に用いる。ところが、共時的分析の代表は、やはり、今日の現代語(present-day language)に絞った分析ということになっている。一方、通時的分析(diachronic analysis)は、時間の経過を縦軸として取り、それに沿って、言語変化を見ていく「歴史的」分析である。たとえば、日本語で、明治→大正→昭和時代にかけてのように、時間軸に沿って、語の意味の発達プロセスを見るといった研究を指す。

1980年代に、談話分析(Discourse Analysis)が紹介された時、標識研究は共時的な現代語研究しか見られなかった。しかし1990年代に、いわゆる文法化(grammaticalization)研究が盛んになってくると、その波に乗り、2000年代、そして2020年代に至るまで、世界のさまざまな言語で文法化とそれに伴う意味変遷(semantic change)研究が行われるようになる。

Traugott(1989(1982))で示された「命題的(propositional)>(接続的(textual)>表出的(expressive))」という意味発達の仮説的方向性が核となり、言語においてどのような意味変化(機能変化)の方向が考えられるかという関心を中心に、研究がなされていった。談話標識は、副詞や句などから定型表現化してくるというプロセスを経るカテゴリーであり、また、どういう動機づけをもって発達したかなど、その通時性に多くの関心が注がれてきた。英語ではTraugott(1995)(DMsの発達についての研究にとって、基礎となる論文)、Stenström(1998)、Schwenter and Traugott(2000)(*Journal of Historical Pragmatics*創刊号で、DM in factの詳述機能について書いた論文)、Aijmer(2002)、Fukumoto(2003)、Heine(2013)、Beeching(2016)、Brinton(1996, 2017)、Heine, Kaltenböck, Kuteva, and Long(2021)(DMsの歴史的起こりについて仮説が書かれたもの。*The Rise of Discourse Markers*)など。ドイツ語ではGünthner(2000)、佐藤(2018)などが、イタリア語ではGhezzi and Molinelli (2014a, b)、フランス語ではDegand(2014)(時々DMsの発達が何というプロセスにあたるかといった議論を行っている)、Hansen(2014)などが、スペイン語ではPons Bordería(2014)、シチリア語についてはScivoletto(2022)がある。ラテン語からロマンス諸語(イタリア・フランス・ポルトガル・ルーマニア語など)への発達に見られる談話標識の研究としてはGhezzi and Molinelli(eds.)(2014)がある。

日本語の談話標識の通時的研究には、Matsumoto (1988)（通時研究の初期のもの。日本語の接続形式が、伝統的文法化の反対の方向へと向かい、free DMsになることを初めて表した論文)、Mori (1996)（DM「だって」について)、Onodera (2004)（日本語のDMsについての単行本。*Japanese Discourse Markers.* 共時的分析・通時的分析双方を含む)、Onodera (2011)（DMsの発達が拡大する文法化に当たることをハンドブックの中で述べたもの)、Suzuki (1998)（日本語の文末の「わけ」がDM相当の機能を持ち、その発達を文法化で説明したもの)、Fujii (2000)（日本語の「もの」の発達を文法化で説明したもの)、原田 (2015)（日常会話の中の「と言うか」の研究）など。韓国語ではRhee (2016, 2020)（韓国語のwhat相当語をもととしたDMについての研究他、韓国語のDMsについて多くの研究がある)、Sohn and Kim (2014) などがある。ネワール語対象では桐生 (2018)（ネワール語の名詞化辞＝guについての研究）がある。英日比較にはHigashiizumi (2006)（英語becauseと日本語「から・だから」を比較検討した研究）が、英仏中対照にBeeching and Wang (2014) があり、日韓対照には堀江・金 (2011) がある。

文法化・意味変遷研究では、主観化 (subjectification)・間主観化 (intersubjectification)（Traugott 2003など）という意味変化の傾向もよく議論されるようになり、談話標識の通時的研究は、2000年代、2010年代さらには現在に至るまで、多くの研究者によって繰り広げられてきた（例 Beeching and Detges (eds.) (2014)（言語の発話頭・発話末をそれぞれLeft Periphery (LP), Right Peripehry (RP) と呼び、その場所に、よく語用論的要素・（間）主観的機能が現れるとする研究。いわゆる「周辺部」研究))。（主観化・間主観化については、第5章を参照のこと。）

5.　談話標識の出現する場所：発話頭だけなのか、発話末にも？

談話標識はSchiffrin (1987) により初めて概念化されたが、Schiffrinは、英語の11の標識 (oh, well, so, because, and, but, or, now, then, y'know, I mean) を

理論的にまとめて談話標識と呼んだ。当初は、英語をはじめとするヨーロッパ言語において、文頭(発話頭)に出現することが共通の性質とされた。

> 談話標識の条件的性質として：共通して発話の冒頭の位置で用いられる
> (Schiffrin ibid.: 328)

> 語用論［談話］標識は、しばしば文頭の位置に限られる、または、常に文頭に出現するようだ (Brinton 1996: 33)

ところが、日本語・韓国語など類型論的に異なる言語における談話(語用論)標識研究が進むにつれ、文頭のみならず、文末で話者が微妙な語用論的意味を表す現象も観察された(Okamoto 2011, Suzuki 1998, Onodera 2004, Ono, Thompson and Sasaki 2012, Sohn and Kim 2014, Yap, Yang and Wong 2014, etc.)。

中国語は日韓語と類型論的には別だが、SOV 言語である日韓語では幅広い終助詞(sentence-final particles)を活用している(Yap, Yang and Wong ibid.: 179, van der Wouden and Foolen 2015: 1)。話し手が微妙な主観的・間主観的意味を文末(発話末)で付け加えるさまと、聞き手が談話の意味を理解するのを助ける点は、談話標識の機能と変わらない。日本語には、英語などのヨーロッパ言語ほど文頭の談話標識の数が多くないのだが、やはり、日本語話者は、その分、文(発話)末で多くの語用論調節を行っているようだ。そうした観察から、本書では日本語の談話標識として、発話頭と発話末の両方に出現する要素を含めることとする。すなわち、発話頭の接続詞・副詞的表現(だから、だって、でも、やっぱり等)と発話末の終助詞(ね、な、よ等)や形式名詞の終助詞的用法(こと、わけ、もの等)である(Onodera 2023a, b でも同じ扱いにした)[7]。

こうした東アジア言語の発話末(RP)研究に端を発し、ヨーロッパ言語の発話末にも関心が注がれるようになり、やがて、オランダ語や英語においても標識にあたる表現が発話末(RP)で機能していると考察されるようになっ

た (Overstreet 1999, Pichler and Levey 2011, Traugott 2016[8], van der Wouden and Foolen 2015) (最初の 2 論文はいわゆる延長表現 general extenders (文末の *and stuff like that* など) について、最後の論文はオランダ語の節末表現について)。

談話標識は、今や、言語学において、話しことば研究・文法化研究・異文化コミュニケーション研究などで幅広く行われるようになった。また世界の多くの言語の談話標識が研究されるようになった。こうした研究の発展・拡がりから、かえって、用語の使い方・アプローチの選択・先行文献の選択など、研究上わかりにくいことも累積するようになってきた。本書は、談話標識を中心としているが、談話分析を始めよう・試みようとする学生・研究者の方々のために、(関連の原書を全て読まなくとも、) これまでのリサーチの傾向・問題点・注目すべき点などがわかるように、解説した本である。少しでも多くの方に談話標識について知っていただき、研究していただければ望外の喜びである。

注

1　Mirativity とは、意外性・新情報・それに対する驚きのことである。

2　語彙を探すときの談話標識と言える。談話標識とフィラーの区別は、研究者によって異なるのが現状である。Iwasaki (2020) が引用しているように、Maschler and Schiffrin (2015: 196–197) は、「[DMs] とは、話し手の認知的プロセスを示すもので、*uhm* のような、情報の処理をしている最中の表現も含める」と、DMs を幅広いカテゴリと捉えている。ここで言う認知的プロセスと、本文中の Yngve (1970) による state of mind は同様のものかもしれない。

3　コピュラ「だ / で / な」の pro-predicate 機能と呼ばれる。「ウナギだ文」(奥津 1978) の「だ」であり、先行する文の述部を「だ」に取り込む機能。

4　主な話しことば研究には、談話分析 (Discourse Analysis; DA) と会話分析 (Conversation Analysis; CA) 他がある。詳しくは第 2 章 2.1、2.2 を参照されたい。

5　1980 年代に、談話分析という研究分野を紹介する書が何冊も出版され (Brown and Yule 1983、Tannen 1984、Stubbs 1983、Schiffrin 1987 等)、それ以降「談話分析」というタイトルの本は多く書かれてきた。しかし、「談話分析」にどのような研究アプローチがあるのか、という「分野をまとめた」書は1994年 *Approaches to Discourse* (Deborah Schiffrin 著、Blackwell) 以外なかなか見あたらない。この書では、談話分析にアプローチする6つの分野を解説している。本書は、Schiffrin の書にあやかり、談話標識にアプローチする分野・方法論を解説する。

6 Laurel J. Brinton は *Historical Pragmatics* (2010、Jucker and Taavitsainen 編、Mouton) の中では DMs の章の執筆をしている。

7 順番・発話・句の冒頭 (left periphery; LP) と末尾 (right periphery; RP) の機能の異なりについては、Beeching and Detges (eds.) (2014) に詳しい。英仏伊日韓中語の分析が通時性も含めて、なされている。小野寺 (編) (2017) でも、発話頭・発話末の機能について論じている。

8 英語でも、節頭や発話頭だけでなく、節末にも語用論標識が現れるということを論じている論文。

第 2 章
談話標識への異なる研究アプローチ

1. 談話標識をはじめとする言語研究を行う際、注意すべき 3 点

第 1 章の 2 節で述べたように、談話標識は Schourup (1985) や Schiffrin (1987) の研究を皮切りに、世界中で幅広く研究されるようになった。そこで述べた通り、いくつもの異なる研究アプローチからなされるようになったため、特に若い研究者の方々が研究を始めようとする際、混乱も起きている。さまざまなアプローチの文献・先行研究を、全て「談話標識」の先行研究として参考にしようとし、性質の異なるデータから導かれた結果を参照したり、比較してしまい、研究上の問題が起こりうる。つまり、そもそも学術的・理論的に異なるものを 1 つの風呂敷内に入れようとして、整理なしに混ざり合ったものができてしまう懸念がある。ここでは、そうした研究上の注意について少し触れておきたい。

言語学 (linguistics) は幅広い学問領域である。巨大と言っても良い。1950–60 年代、構造言語学を基盤に Chomsky による生成文法が台頭し、研究射程をしぼるために言語能力 (competence) と言語運用 (performance) の二分がなされた。生成文法のためには言語能力の中身を見ることが必須であるため、運用は省かれてしまった。このことを懸念して、立ち上がったのが当時の J. Fishman (1968)、C. Ferguson (1972)、E. Haugen (1966)、W. Labov (1972)、D. Hymes (1962, 1974)、J. Gumperz (1971, 1982)、W. Bright (1960) 達であり、1960 年代半ばに「社会言語学」(sociolinguistics) を旗揚げした (阿部・小野寺・

井出 1997)。社会言語学では、言語運用の中身である社会的要因(民族差・男女差・世代差・社会階級差・地域差・場面差・親疎など)と言語の関係を考察することこそを使命として、それ以降、発展を続けている。この社会的要因は、言語を使用する際のコンテクストの中身とも言える。また、言語学の語用論(pragmatics)も、社会言語学と同様に、コンテクストの中での言語使用の、特に意味を問題としている[1]。

言語学の領域を示す鳥瞰図を、おさらいのために図1として表す。

それまでの理論言語学(theoretical または core linguistics)では、言語の内部性質の解明を行ってきたが、社会言語学・語用論が、それと大きく異なるのは、言語使用する際のコンテクスト(場面・状況)を見る点であろう。談話標識は、主に話しことばのインタラクションの中で用いられるものであるため、社会言語学・語用論または用法基盤の考え方(usage-based approach)で捉えられる。

言語学は、コンピュータ等技術の発達やコーパスの充実などと共に、まだ

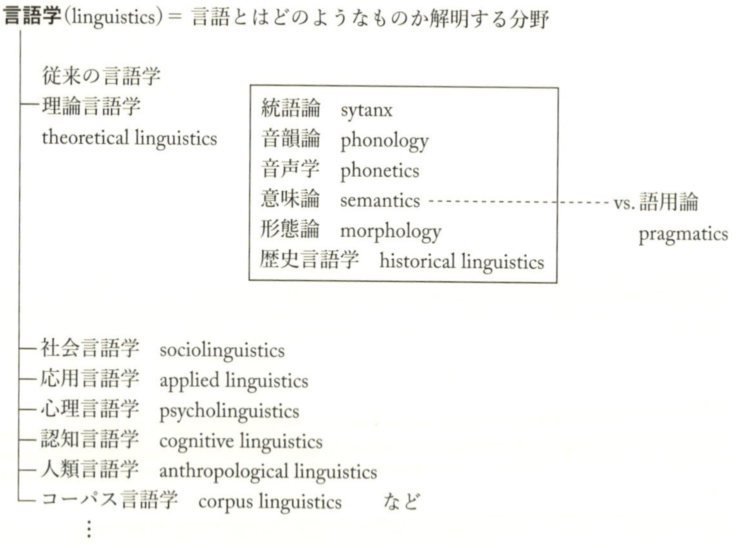

言語学(linguistics)= 言語とはどのようなものか解明する分野

- 従来の言語学
  理論言語学
  theoretical linguistics
  - 統語論 sytanx
  - 音韻論 phonology
  - 音声学 phonetics
  - 意味論 semantics ------ vs. 語用論 pragmatics
  - 形態論 morphology
  - 歴史言語学 historical linguistics
- 社会言語学 sociolinguistics
- 応用言語学 applied linguistics
- 心理言語学 psycholinguistics
- 認知言語学 cognitive linguistics
- 人類言語学 anthropological linguistics
- コーパス言語学 corpus linguistics など

⋮

図 1　言語学に含まれる領域

まだ裾野は広がっていると考えられる。ここでは、こうしたさまざまな言語研究の学術的アプローチがあるため、研究の際とくに注意すべき点を挙げておこう。下の 1、2、3 は、特に話しことば性・書きことば性、自然発生の言語(自然発話)、コンテクストといった様相が関連する語用論要素の研究を行おうとするとき、考慮すべき点である。この 3 点は、各研究分野にとって、前提となり、また、分野の性格付けをするとも言えよう。

（1）　言語研究をする際、特に注意すべき点
1. 研究対象とするのは、話しことばか、書きことばか(両方、一緒に扱ってよいか)。
2. 言語データが自然発話(naturally-occurring language)か、作られた例文(made-up sentences)か。
3. 言語の意味を問題にする場合、真理条件的意味なのか、コンテクスト依存の話者の意味か。

1、2、3 は、言語について何かしらの研究、分析をしようという際に、大きな意味を持つ注意点である。これらは、研究者が取るアプローチ・学問的伝統によって、対応が決まってくるとも言える。

1.1　話しことばか書きことばか(データの問題 1)

伝統的に、これまでの理論言語学では書きことば中心に研究が進められてきた。書きことばでは、文型(SVO、SVC など)にのっとったきれいな文(sentence)が現れる。計画された言語(planned language)であり、統合性(integratedness)により、文法的に複雑な構造を持つ(例　修飾節・関係詞、従属節を伴う主文など)。一方、1980 年代から談話分析(discourse analysis)が紹介され、60 年代から存在していた会話分析(conversation analysis)とともに、現在、話しことば研究が盛んになり、語用論研究の発達と相まって、言語学の中でも大きな位置を占めるようになった。そこで研究対象とされている自然発話(naturally-occurring language)の話しことばは、ある程度のスピー

ドで進んでいく即時性（simultaneity）を持っているため、計画されていない言語（unplanned language）である。話し手は考えや思ったことを短い発話や句で表現し（断片性；fragmentedness）、相手（聞き手）とインタラクションを行いながら、意味の構築をしている（Schiffrin 2006 参照）。

話しことば例（Gina が素晴らしいモクレンに出会った経験を表したもの；Schiffrin 2006: 175）

（2） Gina : Have you ever smelled a magnolia blossom?
Sue : Mmhmm.
Gina : Absolutely gorgeous.
Sue : Yeah, they're great.

書きことば例（Gina が同じ経験を表したもの；Schiffrin ibid.）

（3） On one particular morning this summer, there was a certain fragrance that I recognized to be a glorious magnolia.

(2) (3) は、同一体験の話しことばと書きことばデータを得るため、調査者が Gina に依頼して収集したものである。上記の話しことば性・書きことば性が現れている。(2) では短い句や発話で対話が運ばれており、2人の話者のやりとりに「関わり」(involvement) が現れている。話し手は聞き手に関わろうとし、話しことばの相互作用的（キャッチボールのような）性質が見られる。

一方、(3) では同一人物 (Gina) が同じ経験について書いたものだが、1文の中に複数の情報が凝縮され、統合されたメッセージが生産されている。話しことばで見られなかった関係代名詞といった修飾装置も見られる。

このように、自然発話の話しことばと計画された書きことばとでは、言語の性質が大きく異なることを覚えておく必要がある。

1.2　自然発話か作られた例文か（データの問題 2）

伝統的に言語学の文法書などでは、研究者が考え、作った文（made-up sentences）を例文として用いてきた。

（4）作られた例文の例

a.　ジョンが渋谷でトムを見た。

b.　トムを渋谷でジョンが見た。

c.　花子が太郎をぶった。

（5）自然発話（naturally-occurring language）の例（アルバイトで一緒に働いている女子大生 2 人が、大学受験を思い出しての対話）[2]

まさこ：でもなんか .. 日本史は流れがとか言われるけど私その流れが苦手で：
りな：　　　　あ：
まさこ：そういうあんまりもともと好きじゃないのに：
りな：　　　　うんうん
まさこ：流れで覚えろって言われてもその流れ覚えるのが一番苦手で,
りな：　わかる
まさこ：踏んだり蹴ったり ..
りな：　えそうなんか .. 流れで覚えられたら楽なんだろうけど :.. 全然……流れ覚えようと思っても覚えられなかった .

作られた例文（4）では、主語・述語が明確な「文の形」をしている。一方、自然発話の会話（5）では、「文の形」がはっきりせず、話者たちは「動詞終止形」で終わらず、多くの場合「動詞て形（例　行って。）」や「形容動詞連用形（例　苦手で。）」で終わったり、「…な感じ」といった名詞（体言止め）で発言を終えることが多い[3]。書きことばで「文」と呼んでいる単位が、話しことばで果たして存在するのかどうかもあやしい。

つまり、人が作った文（作例 ; made-up sentences）と自然発話（naturally-occurring language）とでは、(4) (5) の例に見られるように、明らかに性質が異なる。一言でいえば、自然発話は人のインタラクションを含んでおり、作った例文にはそれがない。このデータの問題を総括するならば、筆者を含め、話しことば研究の分野（DA, CA）では自然発話をデータとして見ることを最重要と考えているということになる。現代語であれば、自然発話を、そして、過去の言語については、（歴史語用論分野でそうされているように）なるべくその当時の話しことばに近いもの（演劇の脚本・小説のセリフ部分など。『歴史語用論入門』高田・椎名・小野寺（編）2011「3 歴史語用論はどんなデータを用いるのか？」(pp.12–18)、Jacobs and Jucker 1995 も参照のこと）を選ぶことが重要である。話しことばに見られるインタラクション（その中でのヒトの動き・反応）またコンテクストをよく見ることが大切である。

また「文」という伝統的かつ代表的な言語単位も、作った文では見られるが、自然発話においては、人は、文だけでなく、「言語単位」に当たるものすら形成しようとしていないかもしれない。

自然発話と作られた文の性質は、注意点 1 点目の話しことば・書きことばに見られる性質とも重複するものが多い。

1.3　真理条件的意味か、コンテクスト依存の話者の意味か

注意点 3 点目の、真理条件的意味か、コンテクスト依存の話者の意味か、の問題は、ずばり、語用論か意味論か、の二分 (dichotomy) の問題点を反映していると思われる。

図 1 において、意味論対語用論の対立が描かれていた。語用論と意味論は、言語学においては、どちらも意味の研究分野である。現在から考える

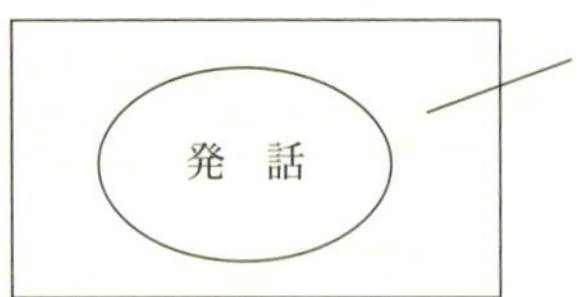

図 2　発話のコンテクスト

と、1980–90年代においては、意味論と語用論の区別がより鮮明だった。発話（ことばを発する行為）が、その周りのあらゆる状況（話し手・聞き手がだれなのか、性別、民族、世代がどういったものなのか。話し手・聞き手の社会的関係。発話の場所がどこなのか、明るい教室なのか、暗い地下室なのか。話し手・聞き手の非言語的情報（服装など）など）。これらは全てコンテクストという「発話を取り巻くあらゆる状況」である。すなわち、発話（の意味）がコンテクストの中で生産されたと見る（語用論）か、コンテクストは見ない（意味論）のか、という大きな分岐点により、語用論・意味論の世界は分けられていた。

語用論と社会言語学の分野の重複については、上でも触れたが、語用論・社会言語学は、どちらも社会的要因を扱う言語学の分野である。社会的要因は、民族差・男女差・世代差（年齢差）・社会階級差・地域差・場面差・話し手―聞き手間の親疎などであり、これらは、コンテクストの中に含まれる。語用論・社会言語学では、こうした、人の幅広い社会文化的な背景や属性を含めて考察していくが、意味論では、文の命題的意味や、真理条件的意味といった、狭い意味を射程としていた。たとえば、語用論・社会言語学では、日本人とアメリカ人の言語運用の差異、男女差に起因する言語使用の変異などを研究テーマとして見るが、意味論では、そうした話者ひとりひとりの顔が見えてくるような研究は行わない。

真理的条件とは、「文が表す意味を規定する上で、その文が真となるためには世界がどのようでなければならないか」（荒木編 1999: 656）という条件である。論理哲学また真理条件的意味論では、しばしば真偽（真か偽か）が問題となる。真偽の定められる文を命題と言うという考え方があり、たとえば(6)は真偽がただちに（偽と）判定できるため、命題である（大塚・中島（監修）1983: 1272 参照）。

（6）　John Smith is a dog.

こうして、意味論と語用論では、同じ意味を扱うと言っても、文内の命題の真偽を問うという狭い意味と、社会文化的コンテクストの中の言語使用(language use)における意味という幅広さの中での意味、という決定的ちがいがあった。

語用論の定義については Levinson (1983) に詳しいが、その中で Levinson は Gazdar (1979) を引用し、「意味論は真理条件の言及に限られる」としている。また Levinson (1983) の書 (*Pragmatics*) において、意味論とは真理条件的であると考えると述べている (pp.14–15)。

> 語用論は、そのトピックとして、発話された文の真理条件に言及するだけでは説明することのできない発話の意味の様相を捉える。大まかに言えば、「語用論＝意味－(マイナス)真理条件」である。
>
> (Gazdar 1979: 2; 筆者訳)

上記のように、そもそも意味の捉え方が全く異なる意味論と語用論であったが、最近は、意味論が語用論に近づいた、という指摘が多くなされるようになった。人のコミュニケーション(インタラクション)が様々な文法装置の源であるとわかってきて、言語学においても言語を取り巻くコンテクストの存在を無視できなくなったことが、その原因かもしれない。

また、人の多様性を尊重しようとする現代の傾向にあっては、コンテクストの中身、すなわち、男女差・民族差ほかの社会的要因を射程に入れる研究分野により多くの関心が集まっており、そうした問題にも対応できる学問が求められているとも言えるだろう[4]。

意味論の語用論への近づきについては、Portner (2006; 第 4 章 Meaning) からの示唆や、松本 (2019) にも記述がある。

松本 (2019: 103) (論文「意味論と語用論は近づいたか」) では、「1970 年代後半から語用論が言語学の中で盛んになるにつれて、意味論と語用論の区別についていくつかの基準を立てる試みがなされた」として、Lyons (1987) の指摘が挙げられている。Lyons は両者が次の対立の点で異なるとした。

（7）　意味 vs. 使用、慣習的 vs. 非慣習的、真理条件的 vs. 非真理条件的、文脈からの独立性 vs. 文脈依存性、字義的 vs. 非字義的、文（命題）vs. 発話、規則 vs. 原則、能力 vs. 運用

松本は、Leech（1983）の意味論・語用論の区別も紹介し、Leech は「表現の意味か話者の意味」の対立に区別の基盤があるとしている。さらに、松本や渋谷（2022）が指摘するように、最近の認知言語学における動向、すなわち、2008 年の「量的転回」が意味論と語用論の立場にも影響するようである。量的転回の背景に用法基盤モデルと呼ばれる考え方があり、これは、言語構造が言語使用の具体例と密接な関係を持つというものである（松本 2019: 106）。認知意味論の初期の研究は、研究者の直感に支えられていたが、2008 年を転機として、コーパスや実験を用いた数量的研究へとシフトしたのである（松本 同上）。そうした研究においては「ある表現が可能か」ではなく、「実際に使われるか」が問われ、研究対象が意味から使用へと移行したことを意味すると松本は述べている。

量的研究（quantitative analysis）は、もともと語用論・社会言語学では多く用いられていた手法であり、用法基盤の考え方（Fischer 2010）も社会言語学のそれに近いように思われる。まさに、近年、意味論がそもそも狭義の意味を扱っていた段階から、実際の使用・頻度を問題とするという言語運用の研究、すなわち語用論の方へとシフトしてきたことがうかがわれる。ことばの意味が、真理条件といった狭い基準だけでは捉えきれないことが明白になってきたのだろう。

2.　複数の学術的アプローチ

第 2 章の 1 節では、紙面を割いて、談話標識をはじめとする言語現象を研究する際、前提となるポイント 3 点について述べた。2 節では、学術的アプローチが異なると、そうした重要ポイントが少しずつ異なる形で、談話標識が研究されているさまを具体的に概観する。言語学的談話分析（1）と会話分

析(2)、意味論(3)、関連性理論(4)、より一般的な談話標識という扱い方(5)である。

前述の言語学の鳥瞰図(図1)を再度ご覧いただきたい。言語学的談話分析と関連性理論は、言語学の下位分野である語用論に属する。意味論は、理論言語学の一分野と数えられる(図1参照)。より一般的な扱い方とは、(1)から(4)の学術分野と少し異なり、一般の大学受験参考書や高校の教科書でも「談話標識」という表現が用いられていたため、その点に触れる。

現在の言語研究では、いわゆる「話しことば研究」が盛んである。図1の理論言語学の前提は、等質的社会の中に言語構造という1つの体系(code)があり、その体系を解明するというものであった(Schiffrin 2006: 172)。ところが、そうした考え方ではなく、話しことば研究とは、多様な人がインタラクションを行っている日常会話などの自然発生の「話しことば」を、理論的にも方法論的にも言語研究の中核に据える研究群である。筆者が思っていたより、ずっと幅広く行われており、2022年3月第5回HiSoPra*研究会(歴史社会言語学・歴史語用論研究会)で「(歴史)語用論・(歴史)社会言語学の基盤としての「話しことば」研究」[5]という指定討論において挙げていったところ、話しことば研究には次のようなアプローチがあった。談話・機能主義言語学(Discourse-Functional Linguistics)(Givón 1979, 2005; 堀江 2004)、相互行為言語学(Interactional Linguistics)(Ochs, Schegloff, and Thompson 1996, Couper-Kuhlen and Selting 2018)、(言語学的)談話分析(Schiffrin 1987, 1994, Traugott 1995, Brinton 1996, 2017, Aijmer 2002, Beeching 2016, Degand and Cuenca 2022, Pichler and Levey 2011, Maynard 1993, Onodera 2004, Rhee 2020 他多数)、相互行為の社会言語学(Gumperz 1982, Tannen 1989 他)、創発的文法(Emergent Grammar)(Hopper 1997)、談話と文法(Discourse and Grammar)(Ono and Thompson (eds.) 2020), DuBois 2002)、多重文法(Multiple-Grammar)(岩崎 2020)などである。これらの研究分野は社会学の下位分野である会話分析(Conversational Analysis)(Sacks, Schegloff and Jefferson 1974, 好井・山田・西阪(編) 1999, 早野 2017など)とも様々な度合いの近縁性がある(堀江 2022)。

上の多くのアプローチの中で、いわゆる談話分析 (Discourse Analysis; DA) と社会学に属する会話分析 (Conversation Analysis; CA) は、話しことば研究の初期から相互に影響しながら、この分野を牽引してきた。2 節では、まず、この 2 つのアプローチから概観を始めよう (2.1 言語学的談話分析、2.2 会話分析)。

2.1　言語学的談話分析 (DA)

言語学的談話分析 (linguistic Discourse Analysis) は、いわゆる談話分析 (Discourse Analysis; DA) と呼ばれる分野であるが、よく対比される会話分析 (Conversation Analysis; CA, エスノメソドロジー Ethnomethodology) が社会学に属するため、わかりやすいように言語学的と断った。言語学においては、語用論の下位分野と位置付けられる。このアプローチの研究者は、語用論・社会言語学・認知言語学・用法基盤の考え方を取る人が多い。

談話標識・語用論標識 (pragmatic markers) 研究を概観する時、やはり最も代表的なアプローチは DA だと思われる。第 3 章では、より具体的に談話標識研究の代表的アプローチ (Schiffrin 1987, Fraser 2009, Brinton 2017) を解説するが、このうち、Schiffrin と Brinton は DA の方法論に則っている。

DA は、1960 年代半ばに社会言語学が明示的に成立、また、70 年代に語用論が発達したが、ほぼ語用論 (そして親和性の高い社会言語学) の下位分野として 1980 年代に次々と入門書が出され (Brown and Yule 1983, Stubbs 1983, Tannen 1984)、瞬く間に世界の言語の分析へと広がっていった。日本語の談話研究は 1990 年代から発展した (メイナード 1993, Onodera 1993, Yamada 1997, Suzuki 1999 など)。談話標識 (discourse markers; DMs) については、Schiffrin (1987) が初めて理論的にこのカテゴリを説明し、それ以降、その定義をはじめとして DMs 研究を牽引する理論書となっていく。Schiffrin (1987) は初めて、既存の品詞 (word class) にとらわれず、副詞・接続詞・感動詞・句と考えられていた一群の表現 (11 の英語表現) を談話標識として、理論的に世の中に紹介した。

言語学的談話分析の立場を取る DM 研究には次のようなものがある。皆、研究の枠組みとして言語学の立場を取り、理論言語学の伝統も踏まえ、多かれ少なかれ、音声学・音韻論・意味論・形態論・統語論といった広い射程を持って、理論的説明を行っている。第1章4節で述べた通り、DM研究には、大きく2つに分けて共時的研究と通時的研究がある。共時的研究は、現代語(今日の言語；present day language)におけるDMの機能の分析が中心であり、通時的研究では、「DMsの成り立ち・発達のメカニズム」「DMという定型表現がいかに出現するようになったかという動機づけ」に関心を持って、なされている場合が多い[6]。特に1990年代、言語学で「文法化」(grammaticalization)とそれに伴う意味変遷(semantic change)研究が盛んになり、各言語のDMsの成り立ちにも多くの関心が注がれた。DMsは、人のコミュニティで育って出現してくる、流行りことばという性質があることから、人々の目につきやすく、恰好の通時研究の対象となった。

DMの共時的研究、現代語の代表的研究[7]としては、Östman (1981)、Auchlin (1981)、Schourup (1985)、Schiffrin (英語、1987)、Takahara (1998)、Aijmer (2002, 2013)、Jucker and Ziv (eds.) (1998)、Traugott (1995)、Hansen (フランス語、1997)、Schwenter and Traugott (英語、2000)、Haselow (2011)、Ghezzi and Molinelli (イタリア語、2014b)、Choi (韓国語、2007)、Cha (韓国語、2010)、Sohn and Kim (韓国語、2014)、Degand (フランス語、2014)、Beeching (イギリス英語、2016)、Takamura (2022) がある。英独仏語研究には Siepmann (2005) があり、ほかにもアラビア語のDMs研究など、数多くあり、言語学的に語用論機能や韻律(prosody)の分析が詳しくなされている。

通時的なDM研究に、次のようなものがあり、多くは文法化(Traugott 1982, 1989, 1995, Traugott and Heine (eds.) 1991)の枠組みで研究されており、統語論的成り立ちや音韻的性質についても詳述したものが多い。Traugott (1982, 1989, 1995, 2003, 2010a, b)、Brinton (1996, 2017)、Jucker and Ziv (eds.) (1998)、Onodera (日本語、1995, 2004)、Suzuki (日本語、1998)、Higashiizumi (英日対照、2006)、Aijmer and Simon-Vandenbergen (eds.) (ヨーロッパ言語、2006)、Günthner (ドイツ語、1996, 2000)、Rhee (韓国語、2000, 2016, 2020 他多数)、Cheshire (2007)、Beeching and Wang (英仏中対照、2014)、Yap, Yang and Wong

(中国語、2014)、Ghezzi and Molinelli (eds.) (ラテン語からヨーロッパ言語へ、2014)、Pichler and Levey (イギリス北東部英語、2011)[8]、Overstreet (2014)、Scivoletto (シチリア語、2022) などがある。

もちろん DMs の発達が文法化ではなく、語用論化 (pragmaticalization) にあたるとする研究もある (Erman and Kotsinas 1993)。また、最近では Heine et al. (2021) が［文文法からの］組み入れ / 利用 (cooptation) とする考え方を提唱している。文法化理論のあとに、Traugott (2022a, b) は、構文化 (constructionalization) であるという考え方を提唱している。DMs/PMs の発達プロセスが何にあたると説明すべきかは、大きな議論を呼んできた問題であるが、この点については第 6 章でまた触れる。

第 2 章 1 節の「言語研究の際の注意点 3 つ」について、談話分析分野では次のような選択をしている。「1. 話しことばを主に扱う。談話には、話しことばと書きことばの談話両方が含まれるが、話しことば性・書きことば性を意識し、区別して分析する」。「2. 自然発生の言語データ (naturally-occurring language) を扱う。作られた例文は別の性質を持つため、避ける。日常会話を扱うことが多い」。「3. 意味は、コンテクスト依存の話者の意味を見る。談話には命題的意味もあるため、それも見るが、コンテクストにある社会的要因は含めて話者の意味を見る」。

読者の便宜のため、(1) を再掲しておく。

（1）言語研究をする際、特に注意すべき点
1. 研究対象とするのは、話しことばか、書きことばか (両方、一緒に扱ってよいか)。
2. 言語データが自然発話か、作られた例文か。
3. 言語の意味を問題にする場合、真理条件的意味なのか、コンテクスト依存の話者の意味か。

2.2　会話分析 (CA)

会話分析 (Conversation Analysis) 分野は、DA ほど DMs/PMs という要素

を明示的に言及していないようであるが、やはり自然発生の会話においてDMs/PMsは頻繁に見られる、欠かすことのできない言語形式であろう。

会話分析は、談話分析(DA)に先立ち、1960年代から研究が発表され(Sacks 1967–1972 他)、今日に至るまで話しことば研究において重要な位置を占めてきた。順番交代(turn-taking system; Sacks, Schegloff and Jefferson 1974)、隣接応答ペア(adjacency pairs)、優先的／非優先的応答形式(preference organization)ほか、話しことばに見られる規則性(小野寺 2022も参照のこと)を成り立たせる概念を発見し、話しことば分析に貢献してきた。日本では、西阪ら(好井・山田・西阪(編) 1999)(西阪(訳) 2010)がCA分野を紹介し、高木・細田・森田(2016)、早野(2017, 2019)、串田・平本・林(2017)らによって研究の報告が続いている。

CAは社会学の下位分野で、その中で話(talk)に関心を持つ人々によって始められた。そのため、話される言語の研究を担う2大アプローチとして、DAとともに言及されることが多い。

上記の、言語研究の際の注意点3つについては、「1. 話しことばデータを収集し、日常会話を見ることが多い」。「2. データは自然発生の言語を見る」。「3. コンテクスト依存の意味を見る」。

2.3　意味論

第2章冒頭の図1を見るとわかるように、意味論(Lyons 1977, Kempson 1977)は、言語学の理論言語学の中の「意味研究」の分野である。言語学において、「意味」を直接扱う分野は、意味論と語用論である。言語研究の際、重要な分岐となる注意点3つについては、「1. 主に書きことばを見ることが伝統である。談話標識と言っても、書きことばの中で用いられる標識(マーカーと呼んでいるが、いわゆる接続詞・副詞など)も含めている」。「2. 作られた例文(人の頭の中で考えた文。人の直感(native intuition)によって考えられた文 ; made-up sentences)を見ることが伝統である」。「3. 伝統的には真理条件的意味(truth conditional value)を見る」。現在は、意味論が語用論に近づいたという見方がある(第2章1.3を参照されたい)。すると、より広い意味を含める研究も現在では見られるかもしれない。個々の意味論研究で、意味論をどのように定義するかで、どの意味を含めるかは変わってくるだろう。

Gazdar (1979: 2) の考え方を振り返れば、意味論は、真理条件的意味の表明に限る。また、Levinson (1983: 7–8) の語用論の定義についての考えは、前述のように「意味マイナス真理条件 (PRAGMATICS = MEANING − TRUTH CONDITIONS)」であり、Chomsky による二分 (言語能力か言語運用か (competence vs. performance)) については、「語用論は言語使用の言語運用面だけを射程に入れる」(Levinson 1983: ibid.)。語用論の定義として「意味論理論で捉えられない意味の全ての側面を研究する」(Levinson 1983: 12) 分野であり、コンテクストの中身で左右される意味を射程に入れる。言語学の 2 つの意味研究分野である意味論と語用論のちがいが、このあたりに提示されている。

語用論が、意味論で捉えきれないコンテクスト依存の意味を研究する一方で、意味論は、伝統的には、より狭義の意味 (真理条件的意味)・文の意味 (sentence meaning) だけを研究対象としてきた。

2.4　関連性理論

関連性理論 (relevance theory) は、第 2 章冒頭の図 1 (言語学の鳥瞰図) において、語用論の下位分野にあたる。英国の Sperber and Wilson (1986, 1995) により提唱された理論で、彼らは談話接続語 (discourse connectives) が「文脈の選択と認知効果を制限することによって、関連性を探す聞き手のガイド役を担う」(松尾他 (編) 2015: 326–327) としている。

特に Blakemore (1987) は、談話接続語に注目し、発話の語用論的解釈に意味論的制約を加えるものと位置付けた (松尾他　同上 : 327)。Blakemore (1987) は「言語的意味」の下位区分として「概念的意味」(conceptual meaning) と「手続き的意味」(procedural meaning) の区別の重要性を指摘し (松尾他 同上)、今なお、手続き的意味は、DMs/PMs 研究ではよく言及されるものとなった。Blakemore (1992: 136–142) は談話接続語を整理し、(1) 文脈含意を生み出す談話接続語 (so, therefore)、(2) 既存の想定の強化に関わる談話接続語（after all, besides, moreover, further, indeed）、（3）既存の想定を否定する談話接続語（however, still, nevertheless, but）の3通りとし、これらは共通して手続き的意味に貢献するとした（松尾他 同上）。しかし、松尾他（2015）は、Blakemoreが談話接続語の秘める複雑さに気づき、それぞれの語句について詳細な分析が必要であることを指摘したと述べている（pp.327–328）。

関連性理論では、こうして談話接続語について着目したが、以下が言語研究上の注意点3点である。最も注目されるのは、Blakemore（1987）でも「一般的なコミュニケーションルールにのっとった言語的意味の相互作用」や「話の話者（speaker）・聴者（hearer）」とたびたび言及されるのだが、2において、扱われる言語データが自然発話ではない点である。1. 話しことばと書きことばについては、GriceやSperber and Wilsonの著作を引用しながら、書きことば（作られた例文）の例も多い。3. 真理条件的意味だけでなく、コンテクスト依存の意味も射程に入れると考えているようである。

手続き的意味の指摘など、貢献は大きいと思われるが、相互作用に言及しているにもかかわらず、自然発生の言語が見られていない点、書きことばと話しことばを同時に扱っている点が、CA・DAと一線を画する。

松尾他（2015）では、書きことば・話しことば（作例や映画などから引用）に用いられる43の英語の談話標識を取り上げている。

2.5　大学受験参考書などにおける談話標識

2.1から2.4は、談話標識を言語学（または社会学）から学術的に扱う分野であった。このほか、高校生向け英語教科書や大学受験参考書で談話標識（またはディスコースマーカー）についての記述がなされ、教えられていたため、最後に触れたい。今後、談話標識については、英語クラスなど教育現場への応用や、学習者のDM使用といった観点からの研究も期待される。

成田・日比野（2003）では、大学入学試験に出題される「英語の長文読解問題」をいかに論理的に読み解くかのカギとして、談話標識（ディスコースマーカー）に着目し、受験生向けに詳細な解説を行っている。同じ談話標識（ディスコースマーカー）という語が用いられており、2.1から2.4までの各分野に加え、より一般的にもマーカーが自由に解釈され、同一語が用いられていることがわかる。

英語の1000語以上の長文ともなると、論理展開をいかにうまくつかむかが重要であると説かれ、たとえば「言い換えのDMs: in other words, that is, in short」「列挙・追加のDMs: first, second, last」「逆接のDM: however」などのリストとともに詳しく解説されている。

ここでは、談話標識(DMs)は「論理展開を示す標識」という定義でまとめられており、標識を理解することで「著者が力を込めて述べている箇所と、そうでない箇所とをはっきりと区別できるように」(成田・日比野 2003: 4)なると解説されている。このことは、2.1–2.4で捉えられているDMsの機能と共通しており、発信者(話し手・書き手。受験英語の長文では書き手)が意図することを受信者に伝えるというDMsの基本機能である。

2.5で取り上げられたDMsは、先の「言語研究の際の3つの注意点」については、「1. 書きことば」、「2. 作られた例文」「3. 真理条件的意味とコンテクスト依存の(書き手の)意味の両方」であろう。

英語学習者がどのようにDMsを使い、使いこなしているか、という観点からの研究も始まっており、研究の進展が期待される。

注

1　語用論は、ヨーロッパ的見方とアングロアメリカ的見方で少し異なる。前者ではより広義の捉え方がなされ、社会的要因を取り上げる社会言語学とほぼ重複すると見られる。米国では、より狭い捉え方がなされ、Grice理論など意味研究を中心とすると考えられている(詳しくは、高田・椎名・小野寺(編)2011: 19–20)、高田・小野寺・青木(編)2018: 7–8)。

2　自然発話の例(5)は、青山学院大学英米文学科 小野寺ゼミ2017年度 日本語トランスクリプトからの抜粋である。ゼミ生の方々の御協力に感謝いたします。第4章も参照のこと。

3　会話インタラクション(話しことば)の中の「文」がどのようになっているのか、発言の終わり方がどのようになっているのかについての考察は、大野剛氏・定延利之氏らとの議論に負うところが大きい。自然発話の会話(特に親しい人同士)では、(5)のような会話がよく見られることも確認された。ここに御礼申し上げます。

4 国内外で、ジェンダーの問題(LGBTQ＋)に関心が高まり、新しい性差研究が求められている。また、民族差の問題も世界で見られる紛争、Black Lives Matter (BLM)にまつわる問題などにも、大学生を含め、多くの関心が注がれている。

5 大野剛氏と渋谷良方氏による講演の後、指定討論(小野寺)と全体討論を行った(企画・司会：堀江薫氏)。

6 DMsの通時的研究では、名称論的・意義論的問題(Traugott 2004)が問われることも多い。名称論的問題(onomasiological question)とは、「ある意味を表すのに、既に存在する語が採用される場合、何がそうさせるのか(ある言語機能にどんな言語形式があるのかを問う)」という問題であり、通時的語用論の「機能—形式の対応付け(function-to-form mapping)」研究がなされる(例 フィッツモーリス 2018)。

一方、意義論的問題(semasiological question)とは、「言語形式が一定の場合、その意味変化を追う」ものであり、ある言語形式にどんな意味があるのかを問う。これは、通時的語用論の「形式—機能の対応付け(form-to-function mapping)」研究となる。談話標識も、1形式を先に決め、その意味機能変遷を追う研究は、意義論的であり、形式—機能の対応付け研究である(例 Suzuki 1999, Onodera 2004, Brinton 2017など多数)。

7 研究者の後の( )内の言語名は、特にその言語のDMsについて書かれたことを示す。

8 Beeching, Degand, Brinton, Traugott, PichlerなどDiPVaC (Discourse, Pragmatics, Variation and Change)研究会のメンバーは皆ほぼ言語学的談話分析のアプローチを取っていると言ってよい。社会言語学的変異の考え方が入っている。

第３章
談話標識研究の主要な３アプローチ

さて、ここからは、これまでに言語学(・社会学)からなされたDMs/PMsについての先行研究から、最もよく引用されている主要な研究アプローチ3つを取り上げ、理論的枠組み・方法/データ・標識の定義と性質・分析例を述べていく。DMs/PMs研究では、他にもAijmer、Traugottや、より最近のDegandなど活躍する研究者がいるが、紙面の制約もあり、3者のアプローチのみを取り上げる。

取り上げるのはSchiffrin (1987)、Fraser (2009)、Brinton (2017)である。なんといってもDMsについての先駆者的研究として、今日まで、定義・条件的性質をはじめとして数多く引用され、影響を与えてきたSchiffrin (1987)は言語学の語用論・談話分析からのアプローチであり、Fraser (2009)は意味論からのアプローチと言える。Brinton (2017)も、言語学の語用論・(歴史的)談話分析からのアプローチである。各アプローチで、書きことば/話しことばを見ているか、データは自然発話(naturally-occurring)かなど、研究上の注意点についても注目いただきたい。

1. Schiffrin (1987)の談話分析アプローチ

ペンシルバニア大学の大学院生であったDeborah Schiffrinは、変異理論(Variation Theory)の創始者William Labovの指導のもと、フィラデルフィアのユダヤ系アメリカ人コミュニティで、会話データ収集を行っていた。そもそも、ユダヤ系という民族差(ethnicity)から生じる変異に関わる研究プロジェクトのためのデータ収集だったようだが、収集された自然発話の会話データを見ながら、Schiffrin はふと、短い句や語（y'know, oh, well, now, then など）が繰り返し発話されていることに気づいた。このことをきっかけに、Schiffrin は、これらの短い語句が何であるのかという探究を始める。

1.1　理論的枠組み

Schiffrin は学部までは社会学専攻で Goffman に傾倒し、そして、大学院で言語学専攻となり、社会言語学の変異理論の潮流を引く研究者となる。ジョージタウン大学大学院言語学部で、多くの学生に語用論・社会言語学・談話分析を教え、university professor となる。

Schiffrin の学術的背景は上記の通りだが、DMs 研究の枠組みとして、まず紹介すべきは、その談話モデル（discourse model）である。筆者は、1990 年までに Schiffrin、Deborah Tannen、Ralph Fasold らから談話分析・社会言語学・語用論を学び、その後 30 年余り、談話を分析してきたが、会話トランスクリプトを見て、「意味」を１つ１つ正確に捉えようとするとき、

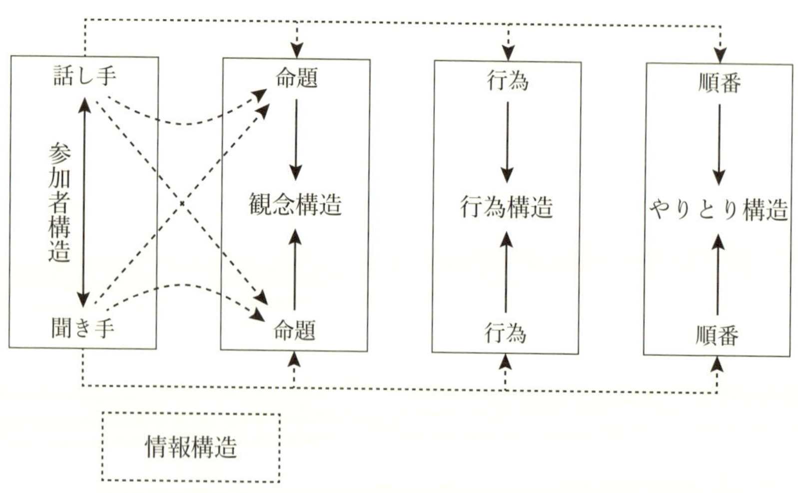

図 1　Schiffrin の談話モデル（a model of discourse coherence; Schiffrin 1987: 21–29）[1]

Schiffrin による談話モデルの考え方が最も参考になる。言語研究上の 3 つの注意点の 3 番目「言語の意味を問題にする場合、真理条件的意味なのか、コンテクスト依存の話者の意味か」については、Schiffrin は真理条件的意味も、全てのコンテクスト依存の話者の意味も考察する。談話の中で意味（の一貫性 ; coherence）の構築に関わる全ての側面（planes）を、このモデルでは網羅している。側面は全部で 5 つあり、談話の意味がいかにさまざまな領域から動的に成り立っているかを理解することができる。

談話の中に見られる言語の意味は、単に命題的な意味や真理条件的意味が見られるのではなく、命題以外のさまざまなレベルの構造（領域）が多層的にある中で構築されると、Schiffrin は考えた。

さまざまな構造（plane, domain）とは、図 1 で左から「参加者構造・観念構造・行為構造・やりとり構造」と下方の「情報構造」である。これら 5 つくらいの性質の異なる構造からのインプットを常に得て、人は、談話において「こういう意味だ」と一貫性ある意味（coherence）を理解している[2]。

参加者構造（participation framework）：参加者（話し手・聞き手・聴衆）についての情報、参加者間の関係についての情報が入っている構造。

観念構造（ideational structure）：ここでの単位は「命題」や「含意」（implicature）。命題的意味はこの構造に司られている。

行為構造（action structure）：人は、「言う」という行為以外に、談話行動の中でいくつかの種類の行為を行っている。言語行為（speech act）、談話管理のための行為（topic change, return to one's main point など）、（Thompson などが言う）社会的行為といった行為（action）が単位。

やりとり構造（exchange structure）：いわゆる順番交代システム（turn-taking system; Sacks, Schegloff and Jefferson 1974）。単位は、順番（turn）や隣接応答ペア（adjacency pair; 質問や応答、挨拶など）。人から人へと回っていく発話順番についての構造。

情報構造（information state）：情報が単位。情報が共有されたものか、新情報か旧情報かなどが分析される。

人は、会話(談話)行動をする際、上のような様々なレベル(構造)から常にインプットがあり、全てに反応しながら、発話をし、また、相手の言う意味を理解している。たとえば、新しい情報を聞いて(情報構造)「あっ」と言ったり、挨拶を聞いて挨拶を返したり(やりとり構造)、話題を変えようとしてButと言ったり(行為構造)する。また、聞き手がどのような人(民族・性別・年齢など)で、自分とどのような関係(親疎・社会的関係など)にあるか、を認識しながら、会話に参加している(参加者構造)。談話分析する際には、この5つ全ての構造レベルにおいて、何が起こっているのかを、忠実にトランスクリプトから読み取ることが肝要である。

談話の中の意味は、上の5つの構造に照らすことで、よく捉えることが可能となる。

1.2 方法・データ

再度、言語現象の研究の際の注意点3点に戻ると、Schiffrinの研究は、「1.話しことばも書きことばも対象とする場合があるが、主に話しことば」。「2.話しことばデータは全て自然発話」。「3.真理条件的意味も、談話モデル(図1)の観念構造で見ているが、DM研究で、コンテクスト依存の意味は重要であり、よく見ている」。

Schiffrinの談話研究では、現代英語が対象であった。自然発話の会話を収集し、文字化したトランスクリプトを見て、DMを分析する際には、そのDMの前の談話部分と後続の談話部分を多めに(論文などで)掲載し、あくまでコンテクストの中でのDMの機能・話者の意味などを観察した。意味のコンテクスト依存性と談話の連鎖性(sequentiality)を重視している。

Schiffrinの研究の重要性は、やはり、5つほどの性質の大きく異なる構造(レベル)が多層的に談話を作っていることを見ている点が大きい。命題のみならず、参加者の相互関係、話し手の行為(談話管理上の行為、言語行為(speech act)、他者への配慮など)、順番交代、情報レベルという全ての面から意味の一貫性(coherence)が生まれ、人が相互に理解することができる、と考えている点が重要であり、私たちが談話分析をする際、参考になる。

1.3　標識の定義と性質

Schiffrin による DMs の定義は 2 つある。1 つは oh, well, and, but, or など 11 の語句の分析の前に設定した作業上の定義 (operational definition) であり、もう 1 つは分析後に書かれた、より理論的な定義である。

作業上の定義は「話しの単位を括弧でくくる、連鎖に依存した要素」(sequentially dependent elements which bracket units of talk) (Schiffrin 1987: 31)であり、Schiffrin の定義としてよく引用されている。

この定義については、Schiffrin (1987: 31–40) によって次のように詳細に説明されている。DMs は話の単位を(　)(括弧)でくくるもので、くくられた談話部分がどのように解釈されるべきかの枠組みを与えてくれる。ここで「話しの単位」としているのは、発話(文)・節・句などどの大きさの単位も、また言語行為(speech act)なども、各分析において見ることができるように、故意に、話しの単位とあいまいな言い方にしている。括弧は、Goffman (1974: 251–269) が導入した概念だが、そもそも「社会的生活がいかに定義づけられるかを示す枠組み」を与えるものである。生活を見渡してみると、実に多くの括弧によってくくられていることがわかる。学校では、学生の生活は入学式という「開始の括弧」(opening bracket;「(」という記号) で始まり、最後に卒業式と言う「終了の括弧」(closing bracket;「)」という記号) で終わる。1 学期を考えても、始業式で始まり、終業式で終わるが、それぞれセレモニー的・儀式的 (ritual) な性質を持っている。また、談話の中では開始の括弧が文(発話) 頭の談話標識に当たると考えられ、発話末の位置は終了させる括弧(「)」という記号) で表わされることになる。Goffman (1974) は 2 つの括弧記号では、開始させる括弧のほうが重要であろうと述べている (p.255)[3]。

最後に「連鎖への依存」とは、談話標識が決して単体そのもので意味を持つのではなく、談話の流れまた連鎖の中で、DM の前の流れ(連鎖)にも、

DMのあとの流れ(連鎖)にも大きく依存するということを表している。

談話標識の、より理論的な定義(Schiffrin 1987: 322–327)は、「コンテクスト座標」(contextual coordinates)であるというものだ。DMsが、発話が生産され、解釈されるべきコンテクストが、座標の中でどこにあるかを標示するという。ここでいうコンテクスト座標には、参加者座標(participation coordinates)とテキスト座標(textual coordinates)がある。DMsはダイクシス的要素と考えられ、参加者・テキスト座標の中で「近い」(proximal)か「遠い」(distal)を指す場合がある。参加者・テキスト座標の近/遠は、それぞれ「話し手/聞き手」「前述/後続(の談話)」である。1つ1つのDMが、2つの座標内で近/遠どちらを(または両方を)指すかを分析できる。Schiffrin (1987: 324 図10.4)では、11のDMが参加者座標・テキスト座標の中、「話し手/聞き手」「前述談話/後続談話」のどれを指すかが示されている。

日本語のDM「でも」について見てみると、「でも」は「会話開始」や「話題転換」などを示す(Onodera 2004: 16–17)。Demo(でも)のd(コピュラ)の「述部代用」(pro-predicate)機能(または置き換え機能;小野寺 2018: 126, Onodera 2014, Onodera 2004)により、dが前方の談話の特定部分を指し示し、聞き手はその部分を参照して、談話を正しく理解できる。たとえば、「でも、あの時の渋滞はひどかったね」と発話された時、話し手と聞き手が経験した過去の渋滞の状況を「で」が指し示し(index)、この発話にコンテクストを引き込む作用をする。そのため、「でも」はテキスト座標の前方(近)を指す。また、参加者座標は、話し手の意図を聞き手に伝えようとしているため、話し手/聞き手の両方を指す。

(1) コンテクスト座標「でも」 (Onodera 2004: 17)

	参加者座標 (話し手/聞き手)	テクスト座標 (前述/後続)
「でも」	話し手/聞き手	前述

会話の分析において、DMが参加者座標・テクスト座標のどこを示すか

も、DMの意味を読み取るのに参考になる。

Schiffrin (1987) は、また、定義の他に、言語表現がDMと判断されるか否かの条件として次の4つを挙げている。

（2）　表現が、DMと判断される4条件　(p.328; 筆者訳)

1. 表現は統語的に文から切り離されている
2. しばしば発話の冒頭で用いられる
3. 独立した韻律曲線を持つ
4. 談話の局部的レベル、また、より大きいレベルの双方で機能し、また、異なる談話の構造(図1の5つの構造)で機能する

Schiffrin (1987) の書において、理論的説明はかなり詳しくなされているが、上記がその理論の中心と考えられる。

1.4　分析例(and)

この第3章では、DM研究の主要3アプローチ (Schiffrin, Fraser, Brinton) を取り上げているが、現代英語を扱う前者2人と、歴史的研究が主であるBrintonの研究において、3者が共通して観察している1表現 (DM) が見つからないため、前者2人の研究で英語表現andを、Brintonではwhateverの分析を紹介する。そこからでも、分析方法や考察のちがいは見て取れるだろう。

Schiffrin (1987)の著書の中、andの分析は、理論言語学で接続詞(discourse connectives)と捉えられていたbut、orとともに第6章に記され、andだけで25ページに及ぶ(Schiffrin 1987: 128–152)。Schiffrinのアプローチの特徴は、何といっても、トランスクリプトにした自然発話の会話データを多数見て、人のインタラクションの中から意味機能を詳細に見ることにある。1つの機能を割り出すのに5–6例の会話が掲載されている。きわめて帰納的な研究だと言える。

Andは次のように分析される。会話の中のandには大きく2つの役割が

ある。1つ目は、観念構造（ideational structure; 図1参照）に含まれる命題的意味から割り出される「思考の単位を等位的につなぐ」こと（1.4.1）と、2つ目は、行為構造（action structure; 第3章1.1参照）に含まれる人の行為として、「つなぐマーカー（continuer）」だ（1.4.2）というものである。従来の意味論であれば、1つ目の役割しか捉えられていなかっただろうが、人のアクション（行為）をつなぐ様子が2つ目として描写されている。

1.4.1　等位的構造マーカー and

会話トランスクリプトを詳しく読み取り、そこで展開されるインタラクションを、構造的に「話者のポジション（意見の立場）」「ポジションの中の具体例（イベント）」「ポジションを支持する内容（サポート）」などに分け、その場その場の and がやっていること（機能）を分析している。Labov（1972）によるナラティブの統語構造（narrative syntax）と同じような構造の分析を行っている。少し長くなるが、（3）の例を見てみよう。この中で、話し手 Ira はなぜ彼が国際結婚に反対なのかを説明する。

（3）（Schiffrin 1987: 136 より）

a. Well I – I think y'run into a problem if eh ... if you ever have an argument,
b. y'know you're not – you're not stabilized when you start t'argue.
c. **And** you could let words slip that you could be very sorry for.
d. For example, eh ... eh ... let's assume the husband's a w- a- a- a- the husband's Jewish
e. **and** the girl's, say, Catholic,
f. **and** they have an argument
g. **and** she says 'You goddamn Jew!'
h. Now she wouldn't say something like that, if she was rational.
i. **And**, maybe it don't mean anything,
j. but it still hurts.
k. Uh **and** I- I think when the children come I think eh how d'y'raise the kids?

日本語訳：
a.　そのぅ もし言い争いになった時… 問題になると思うんだよね、
b.　ほら 言い争い始めると安定していないよね。
c.　で とても後悔しそうなことばをうっかり言ってしまうことがある。
d.　たとえば、そうだね…夫がええと ええ 夫がユダヤ人で
e.　女性が まぁ カトリックだとしよう、
f.　で 彼らが言い争う
g.　で 彼女は言う「あなた、いまいましいユダヤ人ね！」
h.　彼女も、理性あるときはそんなことは言わない。
i.　そして、それは何の意味もないかもしれない、
j.　でもそれでも傷つける。
k.　うーん で 子供ができた時 どうやって子供を育てるのか？と思うんだよね。

Ira の「なぜ国際結婚に反対か」を説明する談話（3）の構成は、次の（4）のようになっている。

（4）　談話（3）の構成
立場（position）（a 以前の談話から明らかになっている「国際結婚は問題を起こす」）
　立場の支持（general support）1　　(a–c)
　　イベント（event）
　　and イベント（event）
　　　具体的支持（specific support）　　(d–j)
　　　　イベント（event）　　((d–h))[4]
　　　　And イベント（event）　　((i–j))
　立場の支持（general support）2　　(k)

こうした構成は、図 1 の談話モデルの観念構造（ideational structure）で働いて

いる観念的（命題的 / 意味論的）意味から割り出して、話者が何を言って、どのように自分の説明を構築しているかを示している。

まず Ira の立場は、「国際結婚は問題を起こす」である。これを支持する意見として（a–c）で、イベントとするものを 2 つ発話し、その 2 つが And でつながれている。「言い争いになったら、安定せず、問題になる（a–b）」**And**「後で後悔することばもうっかり言ってしまう（c）」である。（d–h）は、「言い争いになったら問題になる（a–c）」という意見を描写する。（d–h）で「たとえば夫がユダヤ人で、妻がカトリックだとして、言い争ったら起こりうる問題」を and（e, f, g）がつないでいく。そして（d-h）の具体的事実（イベント）の解釈「相手を誹謗することばに、誹謗の意図はないかもしれないが、それでも傷つける」（i–j）もまた And（i 冒頭）がつないでいる。

And の機能をまとめると、観念的に見た意味論的内容（事実）を異なるレベルでつないでいることがわかる。すなわち、（4）において、局部レベル（local level）では「立場の支持」「具体的支持」の中のイベント（事実）をつなぎ、もっと大きなレベル（global level）で、2 つの「立場の支持」（general support）をつないでいる。

このように、and は談話の観念的構成の大きなレベル・小さなレベル双方で、話し手の思考（idea）をつなぎ、談話の構築に寄与している。これが、等位的構造マーカーとしての and の機能である。談話の中の意味論的（観念的）意味の構成を正確に見るために、細かい談話分析がなされている。

1.4.2　行為（アクション）をつなぐ and

1.4.1 では、観念構造、つまり、意味論的意味から判断される、談話構成で用いられている and が等位的構造マーカーとして働くさまを見た。次に、もう一つの and の機能である「行為（action）をつなぐ」ことを見る。他の研究者からも「つなぐマーカー」（continuer）と呼ばれることもある、インタラクションの中での役割である。And は、伝統的言語学・文法で論理的接続詞（等位接続詞）と呼ばれる要素だが、「つなぐマーカー」とは、命題 A －命題 B のように意味論的意味における二項対立が何ら見られないときであっても、行為レベルで、行為と行為を結ぶ、という意味で「つなぐマーカー」(continuer) と呼ばれている。

行為をつなぐマーカー and は、Schiffrin の談話モデル (1.1 図 1) の中、行為構造で働いている、人の「行為」(action) をつなぐマーカーである。(5) は、話し手が「もっと話すことがある。話を続けたい」ことを主張するために、このマーカーを使う例であり、(6) では、「聞き手の次の順番を誘い、促進する」マーカーである。どちらも談話が次々と続いていくことに寄与するため、接続機能 (textual function) に貢献している。(5) は話し手自身の順番 (turn) を続けたい場合であり、(6) は、自分とは異なる、聞き手の順番を引き出す、というちがいがある。

会話 (5) では、Freda と Jack の夫妻と Rob が話している。Jack は幼少時代の友達の自慢話をしており、その話を続けたい。ところが、自分が持っていたグラスを床に置くよう、妻 Freda が Rob に依頼したため、会話が脱線しかける。そのため、「話を続けたい。順番を続けたい」との意思表明から And を 2 回発話し、自分の話題へ戻る努力を見せている。

(5) (Schiffrin 1987: 144 より)

Freda: [Would you please] put this on the floor for him?=
Jack: [**And** uh:]
Freda: = On the floor you can put it!
Rob: All right.
Jack: **And** uh: I was just eh:
We had a friend in our group uh: named Dash.
A much more talented- *now* if [he-]
Freda: [He] had more talent.

ここでの And の機能は、「話を続ける」ことであり、話し手 Jack の「自分の順番の主張」(claim the turn) という行為をマークしている。談話モデルの行為構造 (action structure) の中の行為をマークする談話標識である。この談話標識により、談話が続いていこうとし、意味の一貫性(coherence)の構築にも貢献する。And の前後に意味論的意味の対立は見られない。

(6)は、行為をつなぐ and (continuer)であるが、1. 自分の順番を主張する(claim the turn) というより、2. 相手(聞き手)の次の順番を導く(solicit the next turn)ことで、接続機能 (textual function)に貢献するものである。

(6)(Schiffrin 1987: 148 より)

Irene: I didn't work anymorehhh.

Sally: You got married **an:d** ...

Irene: I was married when I started to work.

会話(6)において、Irene と Sally は、Irene が仕事を辞めた理由は結婚したから、という話をしている。会話の流れの中で、Sally は「あなたは結婚したから、で: …」と and を発し、順番を終えている。Irene と Sally の共通知識である「あなたは結婚したから」を発して、続きを Irene に話してもらおうと、次の順番を相手に振っている場面である。この(6)のような an:d は、次の話者の順番取り (take a turn)という行為につなげようとしているという意味で、行為を結ぶ、と言える。(6)では、実際に次の話者 Irene が順番を取って、話し始めており、このことから、an:d は「やりとり構造」(turn-taking system)にも貢献した、ということができる。こうした「次の順番の誘い」(solicit the next turn)は、英語に限らず、どの言語の会話においても、数々のストラテジーで行われている[5]。

以上、第3章1節では、談話標識(DM)研究の先駆者として、その定義・談話モデルなどが後進の研究に大きな影響を与えてきた Schiffrin によるアプローチの本質部分をまとめてみた。具体的には and の分析を例に見たが、やはり、Schiffrin にとって重要だったのは、会話トランスクリプトをよく見て、その場その場の DM がどのような機能を作用しているのかを描くことであった。「データに語らせる」「コンテクストの中での意味」を大事にしたことは、Labov 流「変異理論」の流れを汲み、きわめて帰納的な研究を目指していたと言える。

2. Fraser (2009)の意味論・語法研究的アプローチ

談話標識研究の主なアプローチの紹介として2番目は、Fraser (2009) によるものである。談話標識研究の主要3アプローチ (Schiffrin, Fraser, Brinton) の中でも、独特の研究を展開している。言語学の中の意味論に近く、特に、標識の種類・分類をまとめた点が大きく、よく引用されている。

本書第2章1節の「言語研究を行う際の3注意点」から、その特徴をつかんでみたい。

（7） 言語研究をする際、特に注意すべき点(再掲)

1. 研究対象とするのは、話しことばか、書きことばか(両方、一緒に扱ってよいか)。
2. 言語データが自然発話 (naturally-occurring language) か、作られた例文 (made-up sentences) か。
3. 言語の意味を問題にする場合、真理条件的意味なのか、コンテクスト依存の話者の意味か。

Fraser (2009) は、1. 話しことばと書きことばは区別せず、一緒に扱い、その中で用いられた標識を、分類している。2. 全て作られた例文 (made-up sentences) を用い、その中の標識を考察している。Fraser 研究の特徴とも言える。3. 真理条件的意味・意味論(命題)的意味と、コンテクスト依存の意味の両方を見て、分析に用いている。

2.1 理論的枠組み

Fraser (2009: 294) は、「(談話標識研究は、多くの人になされてきたが)、Fraser (2006) (自身) は (意味の) 語用論的解釈における標識の役割に関心がある」と述べている。意味論、また語用論の中の関連性理論の影響もあるようだ。

2.2　方法・データ

研究対象とする言語データは、Fraser 自身が作った作例（made-up sentences）のみである。データとして作例か自然発話を見るかは、従来の理論言語学と 1980 年代以降の談話分析・語用論的手法とを分ける分岐点だが、Fraser は伝統的な作例を用いて、そこから語法研究といった趣の分析を行っている。

談話標識が、典型的に話しことばに見られる交通標識と考える言語学的語用論・言語学的談話分析（Schiffrin, Deborah Tannen, Kate Beeching など）と異なって、Fraser 研究で作例が用いられている点は注目される[6]。

関連性理論の系統である松尾・廣瀬・西川（編）（2015: 328）も、Fraser 研究について「もっぱら談話標識そのものに焦点を当て研究を進めている」と解説している。

2.3　標識の定義と性質・分類

2.3.1　定義

Fraser は、表現が DM と呼ばれるための明確な定義と条件、やや緩やかな性質について考えを述べている。

定義：「表現が談話標識（DM）と呼ばれるためには、**S1 – DM + S2** という連鎖の中で出現せねばならない。S1、S2 は談話部分であり、それぞれが発語内行為（illocutionary act）を表している。（S1、S2 の中で省略が起きることはある。）」（Fraser 2009: 297）

また、DM は次の 3 つの必要十分な条件を満たさねばならない。

条件 1：DM は but、so や in addition のように語彙的要素である。

語彙的要素以外を除外するつもりはないが、統語的構造や、強勢・間（ま；pauses）・イントネーションといった韻律（prosody）、うめき声や肩すくめといった非言語伝達要素（non-verbal expressions）は除外する。Ah などは語彙的要素ではないので、除外する。

条件 2：談話部分 S1-S2 という連鎖において、DM は 2 番目の談話部分である S2 の一部として出現せねばならない。

a　We were late, *but* no one seemed to mind.
b　We were late. *But* no one seemed to mind.

S2 によるホスト（host; 受け入れ）は、例文 a のように 2 つの談話部分が連結している場合も起きている。また、全ての DMs は、談話部分の冒頭に出現するだろうが、DM によっては部分の中ほどや末尾に起きることもある。

条件 3：DM は談話部分の意味論的意味には貢献しない。S1、S2 という発語内行為の解釈の間の意味論的関係を標示する。

2.3.2　Fraser（1996）による語用論標識・談話標識の分類

Fraser は、作例から標識の語法・意味解釈を記述していく独特の研究手法を取りながら、標識の機能面から「分類」を行っていることが貢献だと言えよう。

Fraser（1996）では下のような分類を行っている。その後、Fraser（2009）で改正を行っているため、私たちはもちろん後者を参考にすることになろうが、Fraser の考えを知る上でも両方を概観する。

まず、Fraser は、談話標識より上のカテゴリとして、語用論標識（pragmatic markers）[7] をカバータームとして設定する。語用論標識は、「文が伝える潜在的直接的メッセージのさまざまなタイプにあたる」（Fraser 1996: 168）もので、「文の命題的内容とは別で、切り離されており、話し手の潜在的なコミュニケーション上の意図を伝える、言語的に記号化された手がかり」である。この語用論標識の大枠の定義は、1996・2009 年論文とで大きくは変わらない（Fraser 2009: 295）。

この語用論標識は、Fraser (1996) で4つに、(2009) の改訂版では別の4通りに分類される。

Fraser 研究からは、標識の機能面からの分類が参考になるため、分類について、まず図示(図2)と文章で解説する。また、各研究では○○マーカー(例証拠マーカー)のように、標識がどのような仕事をするかで命名されている場合も多く、こうした命名法も参考にすると良いだろう。

（1） 基本的語用論標識(basic pragmatic markers)：命題的意味に概念的情報を付け加えるもの。法(mood)である。さらに構造的・語彙的・折衷型基本的語用論標識に分けられる。たとえば、構造的基本的語用論標識は、文の統語的構造(平叙文・命令文・疑問文：英語文の統語的タイプ)そのものであるとする。

・Tell me the answer.

この命令文構造が語用論標識であり、命題的内容に描かれた状態を聞き手に起こしてほしいという話し手の希望を表現する、と考える。

（2） 解説的語用論標識(commentary pragmatic markers)：文の基本的メッセージに、そのメッセージがどのような解説として機能するかを示す手続き的意味(procedural meaning)を持つ語彙的表現。

6つの下位標識が、あげられている。a 評価のマーカー(assessment markers; 例 sadly, fortunately など)、b 様式マーカー(manner-of-speaking markers; 例 frankly, briefly など)、c 証拠マーカー(evidential markers, 話者の基本メッセージの真価についての自信の程度を示す；例 certainly, possibly など)、d 聞き手への効果マーカー(consequent-effect marker; 例 To clarify, If I may illustrate the point 等)、e 伝聞マーカー(hearsay markers; 例 reportedly, It is claimed など)、f 緩和マーカー(mitigation markers, 面子失いを緩和したいという希望を表す；例 If I may

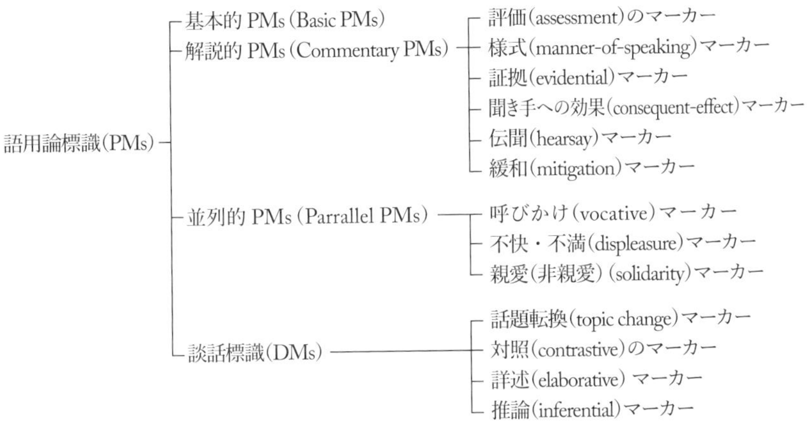

図 2　Fraser (1996) による語用論標識・談話標識の分類

interrupt, If you don't mind など)。

(3)　並列的語用論標識 (parallel markers): 文の基本的メッセージに加えて、全体的メッセージを標示する。

3 つの下位標識があげられている。a 呼びかけマーカー (vocative markers; 例 John, Mom; doctor, driver; boys, man; everyone, anyone)、b 話し手の不快・不満マーカー (speaker displeasure markers; 例 damned, right now, the hell など)、c 親愛 (と親愛の欠如) マーカー (solidarity markers; 例 "my friend"; "look, birdbrain" など)。

(4)　**談話標識** (discourse markers): 語用論標識の 4 番目に下位カテゴリとして談話標識を設定している。談話標識とは、(文の) 基本メッセージが後継の談話とどのような関係にあるのかを標示する (Fraser 1996: 186)。語用論標識と異なり、談話標識は文の意味内容に貢献せず、もっぱら手続き的意味を持つ。談話標識 (DM) は「聞き手に、その DM が含まれている発話がどのように解釈されるべきかを教えてくれる」として、Schiffrin (1987)、Blakemore (1992)、Fraser (1996) も同様の考えであることを示している。

A: Mary has gone home.
B: a) She was sick.
b) **After all**, she was sick.
c) **Thus**, she was sick.
d) **However**, she was sick.

上の（作例）の対話において、B は DM を用いずに a) と発話することもあろう。DM（b、c、d の中の太字）を用いると、B の発話と、先に起こった A の発話の関係が明確になると Fraser は考えている。

Fraser は談話標識には 4 つの下位カテゴリがあると考えた。1 つ 1 つのカテゴリの例も多く挙げられ、詳しい考察が見て取れる。

A 話題転換マーカー

話し手の考えとしては、DM の後続部分は、これまでの話題から変わる場合に、このマーカーが用いられる。（例 back to my original point、by the way、incidentally、parenthetically、speaking of X、put another way など 11 種ほど。［筆者注］書きことばで用いられる表現も入っているかもしれない。）

・I don't think we can go tomorrow. It's David's birthday. **Incidentally**, when is your birthday?

B 対照のマーカー

DM の後続部分は、DM より前の談話の否定だったり、命題的対照が来ることを表す。（例 but、instead、however、anyway、on the contrary など 25 種ほどあげられている。）

・A: We can go now, children. B: **But** we haven't finished our game yet.

C 詳述マーカー

詳述マーカーが談話標識の 3 番目である。前述の談話の、何らか微細・詳述をこれから述べますよということを標示する談話標識。（例 above all、in other words、what is more、to cap it all off、more accurately など 30 種が挙げられている。）

・He did it. **What is more**, he enjoyed it.

D 推論マーカー

DM の後の発話が、前述の談話からの結果・結論であるということを標示するマーカー。（例 after all、so、accordingly、all thing considered、it can be concluded that など、［筆者注］書きことばで用いられる表現も含め、18 種ほど。）

・A: Martha is away for the weekend. B: **So**, she won't be available Saturday.

以上が、Fraser（1996）による語用論標識・談話標識についての分類である。

2.3.3　Fraser（2009）による語用論標識・談話標識の分類

Fraser は 2009 論文において、分類を改訂している。私たち研究者が、より最近のものを参照するためにもここに提示する。

Fraser（1996）と（2009）における標識の分類（図 2・3）は、重複する部分も多いため、主に変更点について概説する。語用論標識の 4 分類は、1996 年版の並列的 PMs（呼びかけマーカー・不快 / 不満マーカー・親愛（非親愛）マーカー）が削除され、見直された。2009 年版では、3 番目の談話標識に加え、「談話構成マーカー」（談話の構造・構成に関わるマーカー）が設けられたことが大きな点である。

1996 年版の解説的 PMs の 6 分類の中、聞き手への効果マーカー・緩和マーカーが削除された。新たに 5 番目として（非）敬意マーカーが加えられた。

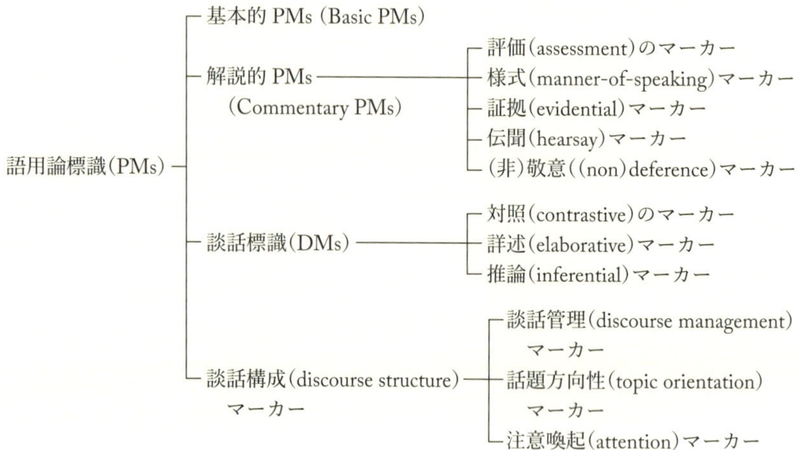

図 3　Fraser (2009) による語用論標識・談話標識の分類

(非)敬意マーカー

- *Sir*, you must listen to me.
- *You jerk*, where do you think you're going?

1996 年版の呼びかけマーカーが、2009 年版ではどこに位置するのか少々不明だが、呼びかけ語として Sir は敬意、You jerk は非敬意を表すものとして例文に挙がっている。

談話構成マーカー (discourse structure markers)

最近、discourse structuring (談話構成) という表現も多く使用されるようになった (Traugott 2022b, *Discourse Structuring Markers in English*)。また、この概念が言語の接続機能 (textual function) とも関わりがあるようで、注目される。Fraser (2009: 297) は、談話構成マーカーを「続いていく談話の構成面について標示する」ものと考えている。

確かに、談話標識 (広く語用論標識) は、接続機能・表出機能を備え、(1) 話者の意図 (意図する行為) が (DM の) あとに来ることと、(2) 続いていく談話の構成に関し、標示する（例：話題転換、話者のポイントへの戻りなど）、という大きな機能があることを筆者も申し添えておく。

1996 年版における談話標識の中の「話題転換」マーカーが、新たに「話題方向性マーカー」として、談話構成マーカーの 3 分類の 1 つに組み込まれた（図 2、3 参照のこと）。a 談話管理マーカー、b 話題方向性マーカー、c 注意喚起マーカーの順に例文を見てみる。

a 談話管理マーカー

研究者によって、区分や命名の分かれるものかと思われる。Fraser は以下の 2 例文を挙げる。

・*In summary*, the economy has not flourished under the Bush administration.

・*I add* that he will not help you until the last moment.

Fraser の標識研究では、基本的 PMs にも文の形（*I promise* など。文の発語内の力に注目している）を取り入れており、これは Fraser 研究の特徴と言える。*I add* で後続のメッセージを「付け加えますよ」という構成に関わる情報を標示していると考えられている。

b 話題方向性マーカー（topic orientation markers）

［筆者注］どの言語にも話題転換を知らせる標識は存在するかと思われる。

・That's all there is to say on this for now. *Returning to my previous topic*, I would like to point out that ...

この例文では、「私の前の話題に戻れば」と話題の方向性についての標示を行っている。

c 注意喚起マーカー

発話頭の *Look*、*Now* など。[筆者注] この種のマーカーもどの言語にも見られるものと思われる。

また Fraser は、語用論標識の標準的並び方(連鎖)として、次を提唱しているのは興味深い。

DSM (DM (CPM (BPM (Basic Proposition))))
談話構成マーカー(談話標識(解説的語用論標識(基本的語用論標識(基本的命題))))

2.4 分析例(and)

十分なコンテクストとしての談話を提示して、その談話分析からインタラクションの中の DM and の機能を分析していった Schiffrin (1987) と異なり (第 3 章 1 節の 1.4 参照のこと)、Fraser は and の語法研究といった記述を行っており、そこから概観する。DM and についてのいくつかの様相・性質についての記述となる。

DM and は、対照のマーカー・詳述マーカー・推論マーカーという 3 分類 (図 3 参照) のうち、詳述マーカーに区分されている。Fraser は 1996 年論文と 2009 年論文で、談話標識 (DMs) の上記 3 つのマーカーは変わらず DMs に含めており (図 2、3 参照のこと)、その表現 (DM) の例も多少の入れ替えはあるものの、基本的に同じ考察を示している。2009 年では、対照・詳述・推論マーカーでそれぞれ主要な (代表的) マーカーを定めている (Fraser 2009: 300–301)。例に挙げられたマーカーのうち、太字が代表的マーカーである。

対照のマーカー (Contrastive markers)　S1 と S2 の間の直接・間接の対照を標示する。(例 **but**、alternatively、contrary to expectations、even so、though、in spite of (this/that) など 24 種ほど挙げられており、but が代表的マーカーとされている。)

詳述マーカー (Elaborative markers)　S1 に含まれた情報の詳述を標示する。

（例 **and**、above all、after all、also、equally、correspondingly、moreover、or、by the same tokenなど28種が挙げられており、andが代表的マーカーとされている。）

推論マーカー（Inferential markers）　S1が、S2を推論する基盤を提供することを標示する。（例 **so**、as a conclusion、because (of this/that)、therefore、thus、hence、on this/that conditionなど17種ほど挙げられており、soが代表的マーカーとされている。）

このように、andはDMsの中で詳述マーカーと区分され、その中の代表的マーカーとされている。

DMsは異なる統語的グループから成るとして、主にa、b、cの3つに含まれると、Fraserは記述している（Fraser 2009: 303）。

a 接続詞（**and**、but、or、nor、so、yet、although、whereasなど）
b 副詞（anyway、besides、consequently、furthermore、howeverなど）
c 前置詞句（above all、after all、as a consequence (of that)、as a conclusion、as a result (of that)など。

Andはこのように、接続詞として記述されている。

またFraserは、DMsの扱いについて、次のような注釈を添えている。But、so、and、moreoverなどの個別のDMを扱い、2つの隣接する談話部分の間の意味論的関係を考察する。特定の表現の、DMとしての用法だけに関心があり、他の用法は関心がないとして、以下のようなand、butの例文を挙げている。

1a:　I didn't like the food, **and** I absolutely detested the cool aid.
（食事は好きでなかったし、冷たいエードは完全に好まなかった。）
1b:　Gin and tonic is a favorite summer drink.
（ジントニックは好きな夏の飲み物だ。）

このとき、同じandと言う語でも、1aではDMとして用いられているが、1bでは統語的に異なる「名詞と名詞をつなぐ等位接続詞」として用いられている。Fraserは1aのみを研究の射程としていると断っている。

同様のbutについての例文も、補足的に挙げておく。

2a: Pi is a rational number but it's not even.
（ファイは有理数だが、偶数ではない。）
2b: John is but a child.
（ジョンはほんの子供だ。）

2aでは接続詞butがS1–S2間の対照的意味を表すDMとして用いられている。一方、2bでは副詞butが全く異なる意味の用法として用いられている。当然Fraserの研究射程は2aのみである、と書かれている（Fraser 2009: 306）。

以上、Fraserによる意味論的な語法研究・記述的研究における、DM andについての記述をまとめた。

標識研究として、Schiffrin、Brintonとも並んで、よく引用されるFraserによる語用論標識・談話標識研究をまとめてみた。読者の皆さんも既にお気づきかと思われるが、同じディスコースマーカー研究と言っても、上で見たSchiffrin、Fraserの標識の観察・考察は大きく異なっている。第1章3.4でも述べたように、標識研究は発達してきたが、これまで個々の研究者の分野ごとに、（また個々の研究者の）研究目的が異なることから、おのずと標識の分析方法・考察・まとめ方などに多様な差異が生じている。次のアプローチ、Brintonによる研究も、Schiffrin、Fraserのアプローチとはデータをはじめとして異なっており、読者の皆さんには注目のうえ、比較参照いただきたい。まさに、標識研究においては、これまで三者三様（十人十色）が実践されてきた。

3.　Brinton（1996, 2017）の歴史的談話分析アプローチ

歴史言語学者である Laurel J. Brinton は、語用論標識というカバータームを用い、英語の語用論標識の通時的研究で特に知られる。PMs の通時的研究とは、1 つ 1 つの PM（例　hwœt, whilom, whatever; Brinton 2017）がどのように成立し、発達してきたかを解き明かす統語的変化（文法化 ; grammaticalization）や意味変遷（意味機能がどのように変遷してきたかというプロセス ; semantic change）の解明をめざすものを指す。

Brinton は古英語・中英語における PMs の研究に乗り出した理由を、随所にエピソードとして公開している。そもそも大学新一年生のためにベオウルフの翻訳を行おうと、半ば冗談交じりで “*What ho, lo, yes, indeed!* Finding a translation of Beowulf for the Freshman” というタイトルで論文を書いたという。詩の最初の語としてよく現れる *hwœt* が翻訳者泣かせであり、そうした mystery particles（不思議なことば ; *what*、*ho*、*lo*、*indeed* など）をどのように訳したらよいのかと考え、Schiffrin（1987）などの談話分析のアプローチで研究を始めたという。通常行われてきたような、韻文 / 散文での出現という見方ではなく、どのようなテクスト構成・談話構成で出現しているかという見方を取ってみた。すると、*hwœt* が注意喚起また共通知識のマーカー（「あら！　ほら！、聞いて！」（Brinton 2017: 1））であること、そして、現代英語における *you know* に驚くほど似ていると確信するようになった、と述べている（Brinton 1996: v）。また、広義に定義される文法化という概念で、その不思議なことば群の通時的発達を探ることにしたと言う（同上：v–vi）。

3.1　理論的枠組み

上の Brinton 自身のエピソードにあるように、Brinton の理論的枠組みは歴史言語学・歴史的談話分析（歴史語用論）である。PMs の通時的発達については、Traugott（1995）らとともに、広義の文法化を説明の枠組みとしている。

過去の言語における「話された音声データの欠如」（高田・椎名・小野寺（編）2011: 12–15 に詳しい）という問題については、直接の自然発話ではな

いが、二次的データとして文学作品の中の会話部分・戯曲（演劇）・裁判記録・手紙・日記などから、積極的にコンテクスト・語用論的意味などを読み取ろうとする（同上: 15）。この歴史語用論における「データ問題」は、これまでも時々取り上げられ、言語の話しことば性/書きことば性の点とも関連して、論じられてきた（同上: 12–18 など）。Brinton も、PMs 研究の通時的研究における問題点として取り上げ、次のように、対応について述べている（2017: 12–13）。過去の「話しことば」は取得不可能であっても、多くの「話しことば基盤」「話しことば関連」の資料が存在していると、私達は認識するようになった。それらは、裁判記録・議会議事録・ドラマの中の対話・フィクションや詩の中で表現された話しことばである。また、Brinton は、話しことば基盤の資料の電子コーパスを多用することも述べている[8]。

3.2　方法・データ

第2章1節で述べた、言語研究、特に語用論研究の大前提となる「研究上、注意すべき点」3点について、Brinton の姿勢を確認しておきたい。

1.「話しことばなのか、書きことばか」

歴史語用論の立場も取る Brinton は、特に話しことばに現れる PMs の研究は、現代語であれば「自然発話の、即時的、対面会話」データに依拠してきた（Brinton 2017: 12）と述べ、過去の言語については「話しことば基盤、または話しことば関連の」資料をデータとするのが良いと述べている（同上、また前節 3.1 も参照されたい）。歴史語用論領域と同じ考え方を示している。

歴史言語学者として、古英語・中英語で書かれた詩・文学作品の中にも現れる PMs を探求しているが、その意味では、書かれたテキストも見る、ということはできる。

2.「データが自然発話か、作られた例文か」

1. で述べたように、PMs 研究のためのデータとして自然発話が適当だと考えているが、過去の言語（language of earlier days）には、それが存在しないため（unavailable）（Brinton 2017: 12）、話しことば基盤と考えられる資料（詩やフィクションの中で表現された話しことば、裁判記録、ドラマの対話、議会議事録など）（同上）を見る。作られた例文（made-up sentences）は用いていない。

3.「言語の意味については、真理条件的意味なのか、コンテクスト依存の話者の意味を見るか」

PMsの意味機能の観察に際し、必要であれば真理条件的意味も見るが、主にコンテクスト依存の話者の意味を見ている、と言える。

Brinton研究の特徴として、特に電子コーパスの使用が挙げられる。PMsの意味発達・文法化といったプロセスを通時的に追う場合、過去の言語のある時点からある時点、また過去の言語のある時点から現代まで（例　古英語におけるhwætから、今日の英語（present-day English）におけるy'know what?）、というように、何十年、何百年というスパンを追う。どのくらいのスパン（期間）を追うかは、各表現と、研究の目的にもより、これはBrinton研究に限ったことではなく、歴史語用論研究全般に言える。

Brinton（2017）は、巻頭と巻末のAppendix（pp.298–299）で、使用した「コーパスとテキスト集」22種について、収録語数も含め、詳しく報告している。古い順に、British DOEC（Dictionary of Old English web corpus）〈古英語〉、HC（Helsinki corpus of English texts）〈c730–1710〉、EEBO（Early English books online）〈1473–1700〉、ARCHER（A representative corpus of historical English registers 3.2 – British section）〈1650–1999〉、BNC BYU-BNC（British national corpus）〈1980s-1993〉　など。アメリカ英語では、ARCHER（A representative corpus of historical English registers 3.2 –American section）〈1750–1999〉、COHA（The corpus of historical American English）〈1810–2009〉、COCA（The corpus of contemporary American English）〈1990–2015〉、SOAP（Corpus of American soap operas）〈2001–2012〉　などを駆使し、PMsの観察・考察にあてている。

3.3 標識の定義と性質

語用論標識(PMs)の定義と性質について、Brinton(1996, 2017)は自身の定義づけを明確には行わず、先行研究の概観を行っている。定義については研究者間で共通のものがないままであるということを、その理由としている。

代表的な先行研究を網羅的に見て、そこで論じられてきたPMs(DMs)についての一般的性質を12挙げ、表1「PMsの性質」をまとめている。表1において、各性質のあとの( )内にBrintonが参照した主な先行研究を挙げておく。この性質の集約は、これまで広くPMs(DMs)の性質だと議論されてきたものを全体像としてまとめあげたものであり、私たちの参考になる。

表1 語用論標識の性質(Brinton 2017: 9; 筆者訳・一部訳注つき)

音韻論的・語彙的性質

(a) PMsはしばしば小さい(短い)表現であるが、句や節から成る場合もある。時々、音韻的縮小を起こしている。(Busse 2002、Overstreet 2014、Traugott 1995、Dér 2010などを参照)

(b) PMsはそれだけにかかる音調(グループ; tone group)を持つ。しかし、前の、また後続の部分と韻律的単位(prosodic unit)を持つ場合もある。(Heine 2013などを参照)

(c) PMsは伝統的品詞からなってはいない。しかし、多くの場合、副詞・接続詞・感動詞に匹敵する。([筆者注] Brinton 2017では参照されていないが、Schiffrin 1987には指摘がある)

統語的性質

(d) PMsは統語構造の外側で、または、ゆるやかに接した形で起きる。(Heine 2013、Goldberg 1980参照)

(e) PMsはよく節の冒頭また末尾で起きる[9]。しかし、移動はありえ、文中と言う場所でも起きる。(Haselow 2013、Traugott 2016等を参照)

(f) PMsは文法的には(必須ではなく)選択的であるが、語用論的には必須である(ある意味、語用論的には非選択的といえる)。(Schiffrin 1987、Fraser 1988等を参照)

意味論的性質

(g) PMsは命題的・概念的意味を(ほとんど)持たない。手続き的・非構成的(non-compositional)意味を持つ。(Hansen 1998、Schourup 1999等を参照)

機能的性質

(h) PMsはしばしば多機能を持ち、一連の語用論的機能を発揮する。(Aijmer and Simon-Vandenbergen 2011: 229他を参照)

社会言語学的・様式的性質

(i) PMsは、書きことばより話しことばで優勢に見られる性質である。話しことばと書きことばにおけるPMsは形式や機能において差異がある[10]。(Lewis 2006参照)

(j) PMsは話しことば(oral discourse)においてよく出現し、顕著である。例 *like, you know*. (Fox Tree 2015参照)

(k) PMsは書きことば、特に改まった談話においては、様式的に評判が悪く、否定的に評価されてしまう。(Tagliamonte 2015参照)

(l) PMsは男女により、異なるやり方と頻度で用いられるようだ。(Beeching 2016、Holmes 1988等が参照されている)

Brintonはそれまでに一般に言われてきたPMsの性質を、先行研究に言及しながら表1のaから1にまとめた。

3.4　分析例(whatever)

本書では、DMs(PMs)研究の主要3点(Schiffrin, Fraser, Brinton)について、原書を読まなくとも、おおよそのアプローチ・方法論・著者の考えがわかるよう、3者を概観、比較している。または、本書を、3者による原書の解説として読んでいただければ幸いである。

先に述べたように「分析例」では、同一のマーカーの3者比較をするのが最も好ましいが、Brintonのみ歴史的研究に焦点があり、3者が分析した中に同一のマーカーがないため、前2者でand、Brintonでは現代語を中心としたwhateverの分析を概観し、それぞれの研究者の分析方法・特徴を見ることとする。

Brintonは上記のように、歴史的英語テキストと現代英語のコーパスを駆使して、PM whateverの分析を行っている。他のコーパスを用いた、語用論要素の研究者(Overstreet、Tagliamonte、Pichler and Levey[11]など)とは異なり、コーパス中のマーカーの出現数を精緻に数値で表したり、機能の異なるマーカーの頻度を比較して結果を導くような量的研究は行っておらず、もっぱら、関連の先行研究とコーパス観察から質的に考察を進めていく。このあたりも、前2者、Schiffrin、Fraserと異なる手法であり、是非、3者3様のPMs(DMs)研究を見ていただきたい。

3者のアプローチ比較を行うためにも、Brinton の PM 研究の中から、なるべく現代英語(Present-Day English)における PM 観察を選ぼうと考え、「現代英語における whatever」の箇所を概観した。しかし、歴史語用論者の Brinton は、どうしても PM の「動機付け」「どこから PM が生起したかという源としての形式」に関心があるようで、その考察の概観もここに掲載する。3.4.1 で、まず現代英語における whatever の用法を見る。3.4.2 で、歴史語用論としての関心である「PM whatever の源と歴史」に触れ、どのような英語変種からこの PM が起きてきたかを見る。また、PM whatever の源である可能性の高い形式2つ(延長表現(general extenders)・欲求また発言の二人称節(second-person clause of desire or saying))を紹介する。3.4.3 では延長表現(発話末の or whatever)についての分析、3.4.4 では、欲求や発言を表す二人称挿入節(whatever you please/choose、whatever you say/think など)の分析を見る。その上で 3.4.5 で、PM whatever の起こりの説明として、二人称挿入節が適していることを解説する。

3.4.1 現代英語の中の whatever

現代英語において、whatever はいくつかの用法で用いられている。下の5つが考えられる。

1. 疑問代名詞(疑問形容詞としても)(interrogative pronoun/adjective)
   Whatever did happen to K. T. Oslin ? (1993 *People* [COCA])
2. 関係代名詞(関係形容詞としても) (relative pronoun/adjective)
   We're very, very dedicated to doing **whatever** has to be done to end this crazy imperialist nonsense. (2006 NPR-Sunday [COCA])
3. 不定形容詞(indefinite adjective)
   But after years, for **whatever** reason and **whatever** fault, a marriage can grow apart ... (2014 U.S. *Catholic* [COCA])
4. 延長表現(General Extenders; GE)
   They go from the environment to animal rights to obesity **or whatever**.

(2011 Esquire［COCA］)

the same, it seems to me, would be true, say for the market in emergency services; police, fire, ambulance, roadside assistance, **whatever**.

(NPR-TalkNat［COCA］)

5. PM

I defended them on their right to build a community center downtown. You and I disagree on that. **Whatever**. But the point is, we defend that, nobody burns anything there, (2012 Fox-Five［COCA］)

現代英語における whatever の統語的に異なる用法5つが描写され、言語学的に興味深い。4、5が語用論的用法である。PM用法は、独立した1語として出現する形式(stand-alone, free-standing)であり、最も最近の使い方として5に挙げられている。

Brinton は OED も駆使しているが、OED による PM whatever の定義がめずらしく長く書かれていたと報告している。

口語表現(もともと米国における用法)　たいていは返答であり、話者が関わったり、議論するのをためらい、受け身的了解や黙認をほのめかす。また、より辛辣に、無関心・不決断・性急・懐疑を表すためにも用いられる:「あなたの思うままに」「あなたがそう言うなら」「どちらでも私は構わない」「あなたの好きにして」。［OED］

ドラマを収録した SOAP コーパスでも高頻度で現れ、PM の独立語用法がカジュアルな対話で多く用いられていることを証拠づけている。

・It doesn't matter. I don't care. **Whatever**. (2011 AMC)

Kleiner (1998) は、「解決や同意が見込めないとき、この PM は議論を停止させ」「継続すると参加者の関係にひびが入りそうなとき、手を引かせる」

機能を持つとしている。OEDの定義にもあったように、この「議論停止」機能はwhateverの意味の一部だろう(Brinton 2017: 270)。

Benus, Gravano and Hirschberg (2007)は、このPMは中立から否定的感情を表すのに用いられるが、決して肯定的感情には用いられないと報告する。また、彼らは、否定的意味は、修飾用法の「無関心」の意味から発達したものだという、意味の生起に関する重要な指摘も行っている(例 pick **whatever** apple you want. どのリンゴでもいいから、欲しいのを取って)。

このPMの短縮形**wev**については、Liberman (2007)が、whatever > whatev(s) > wevという短縮(clipping)であると考察を行っている。このwhatever用法は、若者文化の誤りの象徴とみなされることがある、とも書かれている。無感動・拒否などを伝える、不満だらけの若者の印と議論される場合もあるようである(Brinton 同上: 271–272)。

3.4.2 PM whateverの起源と歴史

ウィキペディアには、whatever (スラング)は20世紀後半か21世紀前半に起こり、1語のみで文を表す感動詞(interjection)である、という記述がある。この用法はカリフォルニアの「川沿いの娘たち方言」(Valley Girl dialect)の中で起こり、しばしばこの方言は、好まれざる口語用法として非難されるようである。映画*Clueless* (1995)、*Valley Girl* (1983)の中で起こったという報告もある(Brinton 2017: 272)。1965年のテレビドラマ*Bewitched* (邦題「奥様は魔女」)や1970–1979年に放映された番組の主人公の言い方から生起したという説もある。下は、*Bewitched*からの例である。

Endora: [Endoraは、クララおばさんがダリン(Darrin)をチンパンジーに変えたあとで、入ってくる]
Good morning, Samantha.
Samantha Stephens: Mother, there's something I have to tell you.
Endora: Good morning, Derwood.
Samantha Stephens: Darrin.

Endora: Alright, **whatever**. (1965 Bewitched [Wikipedia])

そしてBrintonはPM whateverの起源でありうる統語的形式2つを挙げる。

（1） 延長表現 (GE) or whatever
（2） 欲求や発言を表す二人称節 whatever you please, whatever you say

以下3.4.3、3.4.4で、それぞれ(1)(2)の考察をし、GEか二人称節のどちらが、PM whateverの源と考えられるのか、Brintonの考察にそって、見てみよう。

3.4.3　延長表現 (General Extender; GE) or whatever

現在はよく研究されるようになった延長表現だが、最近まであまり関心が集まらなかった[12]。しかし、or whateverはand stuff、or somethingに次ぎ、3番目に高頻度に使用されるGEだという報告もある (Tagliamonte and Denis 2010, Pichler and Levey 2011)。

Or somethingと同様、or whateverには概算を述べる機能 (approximating function) がある。つまり、話者が前述したことが正確でなかったり、最上の表現ではないかもしれない、と話者が断る機能である。軽蔑 (dismissive) のニュアンスがあり、「私は気にしていない」という否定的意味合いも含む (Brinton 2017: 274; Overstreet 1999を引用)。

・he would extend to them his assistance as a hunter, guide, **or whatever**, until the destination was reached. (1877 Wheeler, *Deadwood Dick* [COHA])

3.4.4　欲求や発言を表す二人称節 (whatever you please/say)

PM whateverの源かもしれない、もう一つは「欲求や発言を表す二人称節」である。

Brinton (2017: 279) は、「共時的には、機能と意味の面で、PM whateverは

whatever you say（発言を表す二人称節）や whatever you want/you think（best）（欲求を表す二人称節）と同等と見なされる」と述べている。これらの構造が PM whatever の通時的発達の源であるか否かを検討する。

19 世紀後半以降と思われる PM の出現の前段階のものとして、コーパスの中に、少数だが、独立した whatever ＋二人称主語と動詞（whatever you please/like/choose）を見ることができる。

・So he said in reply, — "**Whatever you please**. It is not important to us."
（1854 Abbott, *Rollo in Switzerland*［COHA］）

・**Whatever you like**. I leave both the choice of subject and the manner of treating it entirely to yourself.　（1847 Brontë, Jane Eyre［CLMET3.0］）

この独立した節の表現は、しばしば激怒・いらいら・辞任、そして軽蔑さえも表わす（Brinton 同上）。

3.4.5　PM whatever の出現について：結論

PM whatever が無関心を表現するのは、少し難問を呈すると Brinton は述べる。上の 2 つの統語形式 GE（延長表現）・二人称節の両方とも無関心を表すので、どちらが源かわかりにくい、と言いたいのかもしれない（筆者注釈）。

Brinton はここで、GE ではなく二人称挿入節（second-person parenthetical clause）が PM whatever の源であるとの考察を示す。理由として、独立の whatever が（発話頭に）現れても、二人称主語と願望か発言の動詞（you choose, like など /say, think）はそのコンテクストから簡単に補足することができる。PM 用法は、ほぼ相手の提案や願望に答える返答の形で示され、その時、相手からの主張について反応する。（いらいらや軽蔑の意を含んだ反応も、返答時にする、との考えだと思われる；筆者注釈。）

一方、GE の起きるコンテクストは異なっている。それは、「話者が、何と言ったらいいか、正しいカテゴリや語を心の中で探している時で、相手に返答する場合ではない」[13]（Brinton 2017: 282）。

このように、Brinton は表現の現れる場所にこそ言及していないが（注 13 を参照されたい）、言語的コンテクスト・談話のコンテクストの近似からも、二人称挿入節を PM whatever の元の形式（源）ではと結論づけている。

以上、談話標識（語用論標識）研究の第一人者である Schiffrin、Fraser、Brinton という 3 名の、それぞれの研究の研究分野のちがい・枠組み・分析の方法・考察の異なりなどを概観した。3 者間でかなりの差異が見られるアプローチであり、それも含め、読者の皆さんには、比較検討され、参考にしていただければと思う[14]。

注

1　Schiffrin の談話モデルについては、小野寺（編）（2017: 19–21）、小野寺（2022: 173–174）などでも描いたが、Schiffrin の談話研究を理解する上で重要であるため、本書でも述べておく。

2　意味の成立に関与する「構造」は、実はもっと多い可能性もあると言える。ここでは、Schiffrin のモデルにそって、5 つを言及した。

3　ただ、括弧については、終了させる括弧が発話などの末尾部分にあたると考えられ、アメリカ英語の general extenders や日本語の（文末の）終助詞などの語用論的要素は談話標識と考えられるという示唆が、ここにある。開始の括弧（opening bracket）と終了の括弧（closing bracket）は、周辺部（peripheries）研究においては、左の周辺部（left periphery; LP）、右の周辺部（right periphery; RP）にあたることとなる（Beeching and Detges（eds.）2014, 小野寺（編）2017 参照）。

4　（(d-h)）、（(i-j)）は、よりわかりやすくするために、筆者が Schiffrin（1987: 136–137）の（13）の説明に加筆した。

5　アメリカ英語会話において、延長表現（general extenders; *and stuff*, *or something* など）は話し手の表出機能（expressive function）に富み、相手の次の順番を生み出すことがわかってきている（小野寺 2021）。たとえば We don't mean to cause a fuss or anything, but this isn't what we ordered.（「何も騒ぎやなんかにしたくはないんだけど、これは注文したものと違います」）（Overstreet 2014: 118）という発話において、話し手は節末に延長表現 or anything と言っている。しばしば強調のイントネーションと共に言われる。すると、次の順番で、聞き手が Yeah や I see などと発話するケースが多く見られる。相手の順番を引き出す（turn-yielding; Beeching and Detges (eds.) 2014: 11 Table 1.4) 機能であり、「間主観的機能が接続機能 (次の順番へとつなぐ) を導く」例である。節末また発話末で、よく、この順番引き出しが行われると Beeching and Detges (eds.) (同上) は述べている。

6 談話標識研究においては、「言語学的語用論・談話分析」の立場の研究者が最も多いと考えられる。そこで研究対象としているのは常に「自然発話」(naturally-occurring language) である。どこかでだれかが自然に産出した会話などを、録音し、文字化して、その中にインタラクションを見るという基本姿勢が、Beeching (2016)、R. Suzuki (2007, 1998)、Schiffrin (2006, 1987)、Onodera (2004)、Tannen (1989, 1984) など多くの研究で取られている。こうした研究書の冒頭には「文字化の手引き」(Transcription Conventions) が示されているので、読者の方々はそれを「どんなデータが使用されているか」の一つの目印にされると良いだろう。

7 研究者によって、最も上のカテゴリとして「語用論的標識」か「談話標識」という用語を使う場合がある。このあたりも、標識研究が複雑に見える理由と思われる。実際の研究においては、まずは最上のカテゴリとしてゆるやかにどちらかを使う、ということでよいのではと思われる。そのうえで、研究者 (Fraser や Schiffrin、Beeching、Traugott などなど) による用語の使用法や意味も押さえておかれたい。

8 CED: A corpus of English dialogues 1560–1760. CEECS: Corpus of early English correspondence sampler 1418–1680. ED: English drama corpus. OBPO: The Old Bailey proceedings online 1674–1913. A corpus of late Modern English prose. 以上が Brinton (2017: 12) には挙げられている。

Brinton は他にも COCA (The corpus of contemporary American English 1990–2015)、COHA (The corpus of historical American English 1810–2009)、EEBO (Early English books online)、SOAP (Corpus of American soap operas, 100 million words, 2001–2012) など多くのコーパスを使用している (Brinton 2017：著書の巻頭 xiv にコーパス一覧表あり)。

9 語用論要素が発話頭・発話末、節頭・節末に現れる問題については、「周辺部」(periphery) 研究がある。Beeching and Detges (eds.) (2014)、小野寺 (編) (2017) に詳しくまとめられ、研究例も収められている。

10 この差異については、筆者の考えも同様である。

11 彼らは変異に注目する社会言語学者であり、そうした分野としての伝統・手法も必ず個人の研究法に影響するものかもしれない。

12 Overstreet (1999) の研究以降、徐々に研究が増えたようで、Tagliamonte and Denis (2010)、Pichler and Levey (2011) など、日本でも小野寺 (2020) など。話者が発話末で、躊躇を表したり、次の順番を生み出したりする語用論的表現として注目される。発話末に起きる PM (DM) としても報告されている。

13　Brinton は GE ではなく、二人称節を PE whatever の源（source）と考える理由をここで述べている。Brinton の説明にはないが、筆者は、二人称節と GE の出現する場所にも関係があるのではと思う。GE は明確に発話末（right periphery）に現れる表現であり、独立した二人称節（上記例文参照）は、明確に発話頭（left periphery）に現れる。応答・返答（response）は発話末では行わないものである（Beeching and Detges（eds.）2014: 11 表 1.4 参照）。無関心から来るいらいらや軽蔑をより明確に伝えたいとき、話者は、発話末というより、発話頭で発言すると思われる。

14　この概観をご覧になり、さらに、Schiffrin（1987）、Fraser（1996, 2009）、Brinton（1996, 2017）という原書を手に取り、参照頂ければ、3 名の研究者のより詳しいアプローチが理解いただけるであろうことは、言うまでもない。

第4章
現代語における談話標識の日英対照分析(共時的分析の日英語比較)

1.　対照談話分析

談話分析では、日英語比較のように、言語のちがいに起因して、どのような差が生じているのかという関心が生じ、調べる場合も多くある。トピックとしては、使用されるポライトネス表現にどのような差が見られるのか、あいづちの打ち方は異なるのか。文頭・文末表現にちがいはあるのか、談話標識で、何と何が相当語句であるのか(例 y'know と「ね」など)、どのような談話構成(discourse organization)の差が生じているのか。社会的要因も含めれば、男女差は、親疎による差は、など、あらゆるトピックが考えられる。対照分析についてまとめたメイナード(1993 第4章対照会話分析;1997 第9章対照談話分析)による記述も参考になる。

ここでは、談話標識の対照分析や対照的談話分析を今後進める方々にも参考にしていただけるよう、実際に、日英語会話の対照的談話分析を試みる。

2.　データと文字化(談話分析ゼミより)

筆者が所属する大学では、学部3・4年生対象の演習クラス(ゼミ)で談話分析を扱っている。談話(discourse)にも、話しことば(spoken discourse)と書きことば(written discourse)があり、ジャンルにも、大きなものとして会話(conversation)と物語り(narrative)などがある。クラスでは、話しことばの会話を取り上げている。

毎年、20名強が定員であるが、学生は志望動機書に第1–10希望を書き、第1希望のゼミを受講したい動機文を提出し、選考される。そして、ゼミでは20名位の学生の、大体半数ずつが英語会話・日本語会話に分かれ、自身が参加する会話を録音し、手順にそって文字化(transcribe)し、トランスクリプトと呼ばれる文字化資料を作る。

学期の冒頭で、「録音の手順・注意事項、文字化の手順」を共有し、5月連休くらいに録音している。2020年3月からのコロナ禍下では、対面の会話をすること自体避けねばならなくなり、ゼミ活動が危うくなったが、リモート会話(Zoom、Webex、Skype、Line通話など)に切り替え、対面会話は同居家族などのごく限定した形で行った。そのため、2020年度の英日会話データは、リモート会話が多数である。学生には、トランスクリプトに「録音方法」として「Zoomカメラオン。スマートフォンのボイスメモ機能で録音」など、どの機器・アプリなどを使用したか書いてもらった。

録音・文字化の「実践の手順」における、主な注意事項は以下である。

1. 会話参加者は2–4名まで。それより多いと、音の重複があった場合に、文字化が困難である。
2. 録音前に、参加に協力してくれる人の許可を取る。
3. 少し長めに会話録音し、その中から、3–4分のセグメントを選び、セグメントを文字化する。
4. 文字化資料(トランスクリプト)の草稿を(ゼミの)ペア(2人一組)で誤りがないか、確認する。その後、ゼミ人数分コピーし、前期中にクラス全員で、音かけをしながら、文字化の誤りがないか(また、英語の聞き取りミスがないか等)を確認する。
5. セグメントに、あまり私的な内容は選ばない。協力者が録音を消去してほしいと言った場合は、いつでも消去する。(倫理的面に配慮する。)
6. トランスクリプト冒頭に「参加者(英語の場合はParticipants)」「会話の状況(英語の場合、Situation)」を書く。「参加者」は、自分以外の人の氏名を仮名にする(倫理面の配慮)。また、参加者同士の人間関係について書く(知り合ってどのくらいの期間かなど)。「会話の状況」には、録音日時・場所、どのようなトピックで話しており、セグメント内では、どのような内容が話されているか、簡潔に説明する。

7. セグメントは、トピックでまとまっているか、を基準として選ぶと良い。トピックのまとまった談話の「前後のコンテクスト」がわかるよう、entrance talk(セグメント本文には入らない、その直前の談話部分)と exit talk(セグメント本文には入らない、後続の談話部分)を文字化して入れる。

今回、この第 4 章(日英対照分析)で用いるデータは、筆者が大学で行っている「談話分析」演習で録音・文字化してきたトランスクリプトである。表 1 のように、2016 年度から 2022 年度まで、毎年、20 名強のゼミ生がほぼ半数に分かれて英日語の会話を収集したものである[1]。

表 1　会話データ(ゼミ年度・収集を行ったゼミ生数・総時間数)

言語	日本語会話		英語会話	
年度	ゼミ生数(人)	総時間(分，秒)	ゼミ生数(人)	総時間(分，秒)
2016	12	約 39 分 0 秒	11	約 35 分 45 秒
2017	11	約 35 分 45 秒	11	約 35 分 45 秒
2018	9	約 29 分 15 秒	11	約 35 分 45 秒
2019	12	約 39 分 0 秒	11	約 35 分 45 秒
2020	13	48 分 02 秒	11	約 39 分 14 秒[2]
2021	12	41 分 02 秒	11	41 分 54 秒
2022	11	35 分 32 秒	11	42 分 36 秒

2019 年度以前は、ゼミ生が会話セグメントの時間を記入していなかった。2 分半から 4 分の会話部分を選ぶようにしているため、「平均 3.25 分×ゼミ生数」をおおよその総時間として記入した。

3. 分析方法

談話分析ゼミでは、大学の前期中に会話録音・文字化作業をすべて終え、後期のグループプロジェクトに臨む。そのため、前期中に、分析の道具となる理論編(談話の中の現象・分析に必要な概念;例 順番(turn)、重複(overlap)、DMsなど)についても学んでいる。学生は、別クラスで既に学んだポライトネスや男女差などの理論も、談話分析に用いることができる。

ゼミ後期初回で、出来上がったトランスクリプト集(英語版:約10名分、日本語版:約10名分)が配られ、その後、4–5人のグループを作る。ゼミ生は、大体どのような内容のトピックで研究したいか、レポートで提出し、トピックの近い人でグループを作るようにしている。

グループプロジェクトのトピックは、学生が自由に選んでいるが、多岐にわたる。「談話標識」「相づち」「ポライトネス」「特定の談話標識(例 But、「なんか」など)」「重複」「繰り返し(repetition)」「文末表現」「隣接ペア」「優先的/非優先的応答形式」「会話スタイル(Tannen 1984)」などの項目と社会的要因(男女差・年代差・親疎など)を組み合わせて、トピックを作っている。具体的な研究タイトルを挙げれば、「あいづちとフィラーのちがい:英日差・男女差」「日米間における電話会話の開始部・終結部」「Discourse Marker: 若者ことばにおける「あいまい表現」の日英比較」など毎年独自性の高い研究が行われる。コロナ禍発生以降は「対面会話 vs. 遠隔会話に見られる差異」もしばらく多く見られたものだった。

ここで、一般的な談話分析の方法として次の3点を挙げておこう。1. 連鎖についての分析、2. 分布の分析、3. コンテクストに依拠した意味の分析である。特に、1.、2. はSchiffrin (2006)による分析方法についての指摘である。

1. 連鎖についての分析(sequential analysis)

   Schiffrin (2006)で、談話分析のために示されたトランスクリプトの読み方2つのうちの1つ。ある表現・現象(間、あいづちなど)などの、「前」と「後」に何が起こっているか、をよく観察する、というものである。語（word）にしても、その前と後ろに他のどのような語が発生しているか、その共起（co-occurrence）を見る。また、話し方、イントネーション、談話標識などであっても、前後の連鎖（sequence）で何が起きているか、を読み取ることが重要であると説かれている。

2.　分布の分析（distributional analysis）

Schiffrin（2006）が示した、もう 1 つのトランスクリプトの読み方。特定の語や談話標識の観察をするとき、その語がトランスクリプト全体の中でどのように分布しているのか、を見る。トランスクリプトの中に現れた特定の語（表現；例 「なんか」）に印をつけ、印が全て付けられたあとで見ると、どのような分布をしているかが読み取れる。

筆者の注釈としては、話者の属性によって、ちがいが見えてくるかもしれないし、属性ごとに頻度(回数)を数え、記録するのも良い方法だろう。頻度（frequency）も、談話分析という科学的な言語研究領域には重要なポイントである。

3.　コンテクストに依拠した意味の分析

1 では特に連鎖（例 A―特定の表現―B―C）を問題としていたが、もう少し幅広く、ある表現・話し方などが、どのようなコンテクストにおいて出現したか、をよく見て、そのコンテクスト依存の言語の意味を読み取る。コンテクストには、話し手・聞き手の属性、話し手―聞き手間の社会的関係、談話のジャンルなど、幅広いコンテクストがここに入る。

4.　日英対照の談話分析

今回、本書の日英対照談話分析では、次の 2 点をトピックとして見ていきたい。第 4 章 2 節で説明したトランスクリプトを見て、筆者が(1) 情報構造、(2) 談話標識について、の分析を行う。

4.1　情報構造についての日英対照分析

4.1.1　情報構造（information-state）

談話分析を専攻する大学院生とよく議論しているのは、私たちは毎日の会話で何をしているかと言えば、結局「新情報の受け取り」・「旧情報の確認」・「情報を共有したかの確認」などをしながら、会話を進めているのではないか、ということだ。情報の受け取り・共有などは、Schiffrin による多層的談話モデルの中の情報構造（information state）（第 3 章 1.1 図 1 参照）で営まれている実践である。情報構造とはどのようなものか、まず、作例から説明しておきたい。たとえば、大学生 3 人、A、B、C さんによる次のような会話[3]である。

1　A: 昨日, 大学の西門近くで火事あったの知ってる？
2　B: うそっ！やば .
3　A: 消防車 7 台くらい来たからね .
4　C: そうそう . 新聞に小さく出てたよ .
5　A: 放火も多いからねぇ . 最近 .

A さんは「昨日、火事があった」という情報を、B、C さんが知っているかどうか知らずに、1 で言及している。2 で B さんは「うそっ」と反応するが、この語は旧情報を聞いた時には用いられない表現だろう。新情報をキャッチしたときの驚きマーカー（marker of mirativity）（予期していなかったことに対する驚きのマーカー）であろう。C さんはどうかと言えば、4 で「そうそう」という反応と、新聞でもこの情報を得たという情報を加えている。C さんにとっては、1 行目の「昨日、火事があった」という情報は既知情報だったようだ。4 が終了した時点で、A は聞き手ふたり B、C が、自分が提供した当初の情報「昨日、火事があった」を得た / 共有したと認識する。そして、新たに 5 行目で、自分のさらなる意見「最近放火が多い」を発している。

このように、会話を構築していくとき（discourse-structuring）、聞き手や会話参加者が情報 X を得たかどうかを確認しながら、次へと進める様子がうかがえる。自分の提供する情報 X が聞き手にとって新情報であるのか、また、それが聞き手に得られれば、その人にとっての既知情報（旧情報）（given/old information）となるわけで、「聞き手が情報 X を知った」ということを知るわけである。こうした、他人が何を知っているかを「知る」ことを、メタ知識（meta-knowledge）（Schiffrin 1987: 28）と言う。つまり、他人の知識についての知識である。このメタ知識と知識を司るのが、情報構造という認知的能力（cognitive capacities）の世界である。

また、新情報・旧情報などを操る人間の能力について、今から 40 年も前に、Ellen Prince が「旧・新情報の分類」（Toward a Taxonomy of Given-New Information）として先駆的な論文を書いているが、興味深く、参考になる。Prince は、こうした情報の旧・新というレベルは人にとっての普遍であるだけでなく、人の言語として特徴的なのだと言う。その中でも極めて重要なのは、送り手は、受け手がどのくらい知っているかという前提に合わせて、必要な情報量を調節する点だとしている（Prince 1981: 224）。「自然言語に情報を詰めるということは、送り手が受け手の前提・信条・ストラテジーに対して仮定を行っていることを反映している。」（同上）ヒトが、他の高等動物とは異なる能力として、その時どきに応じて、受け手の前提としていること（共有知識・既知情報なども含め）・信条などを仮定しながら、適当だと考える情報詰め作業を行っているということだ。

では、実際にトランスクリプトを見て、情報構造の様相がどうなっているのか、3 つのトピック分析例を見てみよう。1 つ 1 つのトピックを分析していこう。

〈**トピック 1**〉私たちは聞いたことのない情報（新情報）を聞いた時、何と言っているだろう？　それを知らせるマーカーは、英語では “Oh”、日本語では「え！」「うそ！」「まじ！」なのか？

〈分析結果〉英語では “Oh”、日本語で「えー」もあるが、低いトーンの「ああ」も多かった。

まず英語トランスクリプトにおいてOhはしばしば用いられている。(1)はゼミ生KumiとIreneのZoom会話の抜粋である。IreneはKumiが通った高校の英語の先生だったが、現在は米国に戻っている。

(1)… Kumiの大学卒業後の計画や就職活動についての対話…〈2022年度トランスクリプトZOOM会話〉

Irene : … so, will your job be,. uh:,. you know, we say virtual or remote?
Will your job be in person or [remote?
Kumi : [Uh yeah I can work u:h from home. =
Irene : = **Oh** nice okay. [
Kumi : [Yeah and also yeah if if I want, I can go

この会話で、Ireneはコロナ禍下での日本の就職活動について聞いており、オンライン面接が行われていることや、学生はオンラインであったとしても黒髪をまとめて面接を受ける様子などを聞いた。(1)1行目では、Kumiが内定した会社へ出社して働くのか、リモートワークなのか質問している。3行目でKumiが「家から仕事ができる(リモートワーク)」と答え、それを聞きIreneは、間髪入れずに**Oh**と声を挙げている。トランスクリプトでは他にも同様のOhが多く英語話者によって用いられている。ここでは、Kumiの「家から仕事ができる」(3行目)が新情報であり、それを受けたことを知らせるDM **Oh**(ああ)を発し、nice(良いですね)と評価し、そしてokay(わかりました)で、3行目の情報が(Kumiと自身によって)共有されたことを示している。

同様のOhの使用は、トランスクリプトに多く見られた。(2)は英語会話アプリでの遠隔対話からの抜粋である。ゼミ生Koheiは1年以上、イギリス人講師Janeと話しており、時々近況を報告している。(2)では、Koheiがその日初めて植物ベースのケーキを食べたことを伝える。

(2)…植物ベースのケーキが、見た目は普通のケーキと変わらないといっ

た対話のつづき…〈2022 年度トランスクリプト　ビデオ会話〉

1 Jane : yeah I- I remember you're saying some of your friends are vegan.
2 Kohei : Yeah and you know she started? working as an you know pastry
3 chef?
4 Jane : . **Oh** [wow, =
5 Kohei : [Yeah
6 Jane : = so she's like a vegan pastry chef.
7 Kohei : Yes.
8 Jane : Oh that's very cool [laugh] /I think/
9 Kohei : [laugh] so and yesterday I got an e-mail? from her and you know
10 . she said please coming to buy? my cakes,
11 so today I went to =
12 Jane : [laugh] **Oh:**
13 Kohei : = you know, her shop?
14 Jane : **oh:** that's so nice you're supporting your
15 friend
16 Kohei : Yes. [laugh]

(2) の抜粋の中、Jane は 4 回 Oh と発話している。このうち 3 回の Oh は、どれも新情報(自分が聞いたことのなかった、知らなかった情報)を受けての反応で、感嘆が強い場合は oh wow(4 行目)と wow と共起している。他のトランスクリプトでも感嘆の強い場合、wow また really? との共起が見られた。

新情報はそれぞれ、「友人がペストリーシェフとして働き始めた」(→ 4 行目の Oh wow)、「メールが来たので今日行った」(→ 12 行目の Oh:)、「店へ行った」(→ 14 行目の oh:) である。8 行目の Oh は新情報への反応と言うより、自分が発した「ビーガンペストリーシェフ」について Kohei が同意した(7 行目) ため、その直後の Jane の oh はビーガンペストリーシェフという情報を会話者 2 人が共有したことに対する反応と考えたほうが良いだろう。

次に日本語会話で、同様に新情報を得た時、人は何と言っているだろう？

上のトピック１に挙げたように「え!」「うそ!」「まじ!」と言っているだろうか？　実際には、「えー」や低いトーンの「ああ」も見られた。(3)は、就職活動中の４年生しんと隆(たかし)の Zoom 会話からの抜粋である。

（３）… 二人は画面共有していたが、隆側のインターネット接続不良で、隆の画面がフリーズしている…〈2020年度トランスクリプト ZOOM会話〉

1　しん：変わってないの？
2　隆：　変わってないよ.
3　しん：**うそ俺ず**::っとパイロットのページ見てるけど.
4　隆：　**うっそ**..あでもまだ:メルベイユ石井だよベルメイル石井だよ.
　　　　p
5　しん：**まじ:**
6　隆：　うん..ほんとにちょっと確認して見てよ，ちょっと違う..とこ
7　　　　開いてたりしてたよ.

(3)では、3–5行目に「うそ」「まじ」という驚きを表すマーカー(mirative)が使われている。親しい人との会話で用いられると思われる。このマーカーはそれほどトランスクリプトに出てくるわけではなく、それより、新情報を受けて驚きを表す「え:」や低いトーンの「ああ」が見られた。

隆の画面がフリーズして、共有画面が見られなくなり、何が見えているかの情報をやり取りしている。3行目の「うそ」は、「隆の画面が変わっていない」という新情報を受けている。しんは「自分はずっとパイロットのページを見ている」という情報を提供し、それが隆を驚かせ、4行目の「うっそ(*p* 弱い音)」という驚きマーカーを発声させている。続けて隆は「まだメルベイユ石井が見えている」という新情報を提供し、5行目でしんは「まじ:」と驚きマーカーで反応している。(3)では、若者ことば「うそ」「まじ」という驚きを表すマーカーが見られていた。

新情報を受けた時、トランスクリプトで多く用いられていたのは「えー」や「ああ」であった。(4) は教職課程を履修している、かおり・あすか・み

くの 3 人による対面会話からの抜粋である。新情報を聞いて、驚く場面が何度か出てくる。

(4) … もうすぐ参加する教育実習期間に体育祭などが予定されているという話をしている…〈2022 年度トランスクリプト 対面会話〉

1　かおり :「お休みとっていいですよ」って言われて,
2　　　　　え '::
3　あすか :　　　え :　　　そんなこと ある [laugh]
4　みく :　　　　　　え :　　　パチパチパチ [拍手する]
　　　　　　　　　　　　　　　　pp

5　かおり : あと一番びっくりしたのが ,=
6　あすか :　　　　　　　　　　　　　　うん
7　かおり : = .. うちの A 高校さんはびっくりした,
8　　　　　本当にびっくりした =
9　みく :　　　　　　　　　　　なに [laugh]
10　かおり : = タイムフレックス制がある [laugh]
11　あすか : え ':: え :
　　　　　ff
12　かおり :　　　　[手を叩く音][laugh]
13　みく :　　　　　信じらんない [laugh]
　　　　　　　　　　ff

14　あすか : やばあ .. 進みすぎてて
15　かおり : [laugh]
(会話つづく)

(3) では、2 度にわたり、教育実習と高校の進んだ制度についての情報に驚く場面が出てくる。まず、1 でかおりが「教育実習期間に体育祭などの行事が重ねられており、休みを取っていいと言われた」という情報を提供する。驚いた、あすかとみくが「え:」と言って反応している。2 行目の「え ' ::('

は、高い音で発せられたことを示す。巻頭の Transcription Conventions 参照)」は、かおり自身が、その情報を実習先で言われた際このように驚いたと説明しているものである。2 つ目の新情報は、7、10 行目のかおりの「自分の A 高校にはタイムフレックス制がある」である。高校にタイムフレックス制があると思っていなかった あすかとみくは、「え ' : : え:(' 高い音。ff 強い音)」(11 行目)と「信じらんない」(13 行目)という発話で驚きを表している。このように、大学生の会話では「えー」も新情報に対する驚きマーカーとしてよく用いられていた。

(5) は、ミホとマリの大学食堂での対面会話からの抜粋である。(4) のように、新情報にかなり驚いた場合「ええ」と発していたが、新情報であっても、それほど感情移入しないで受信する場合、トランスクリプト全体でかなり「あぁ」が用いられていた。

(5)

… ミホが自分が行った大阪旅行について、マリに話している対話…〈2022 年度トランスクリプト 対面会話〉

1 ミホ : 泊ったんだけど, [
2 マリ : [うん
3 ミホ : なんか, そっちは :' 高い .
4 その : ユニバが見える部屋が高くて : [
5 マリ : [**ああ :**
6 ミホ : 見えない方が安い
7 マリ : うん
8 ミホ : / だから / 安い方にしたんだけど,
(対話つづく)

「(大阪のホテルで、) 遊園地が見える部屋は高い」というミホの 3–4 行目の新情報に対し、マリは 5 行目で「ああ」と反応している。聞き手の感情がおだやかで、「ええ！」というほど驚いていない場合、「ああ」も新情報を受けた後によく用いられていた（トランスクリプト2016年度から2022年度）。

以上、〈トピック1〉「私たちは聞いたことのない情報（新情報）を聞いた時、何と言っているだろう？」について、英日のトランスクリプトを見て分析してみた。結果として、英語では“Oh”がよく使われ、より感嘆が強い場合はreallyやwowが共起した。日本語では想像された「え！」「うそ！」「まじ！」だけではなかった。「ええ！」が最も多く、低いトーンの「ああ」もかなり用いられていた。

〈トピック2〉 英語会話で、談話標識（Schiffrin 1987）y'knowがよく用いられている（トランスクリプト2016–2022年度）。日本語でy'knowに相当するのは、日本語終助詞「ね」だろうか？
〈分析結果〉今回の分析からは、「ね」より「なんか」がy'knowに近い相当語として見られた。

Y'knowは、これまでにDMとして取り上げられることの多かった表現である（Schiffrin 1987他）。複数の機能があると思われるが、今回、2016–2022年度トランスクリプトに出現していたy'knowは「相手にわかってもらいたい」時に「わかりますか？　わかりますね？」と関与（involvement）を求めていた。日本語で、それに近い機能で用いられていたのは発話頭の「なんか」であった。

（6）はKenとカナダ人英会話講師Steveとのビデオ対話からの抜粋である。

（6）… カナダから来日したSteveの英語レッスンを、Kenが受けて10年になる。二人は師弟と言うより、いろいろなことを話せる関係である。ここでは、Kenが独りでクラシック音楽のコンサートに行ったという話を聞いて、Steveがクラシック音楽について意見を述べる場面である…

〈2022年度トランスクリプト ビデオ会話〉)

Steve : And I said, **y' know**, like,
like I said before, [**y' know**, once in a while =
Ken : [Um. Um.
Steve: = one or two songs [are, **y' know** classical songs are fine, =
Ken : [Um, um, um, um, yeah.
Steve: = when you get the third and
fourth continu[ously listening to, =
Ken : [Uh, hmm.
Steve : = [because **y' know** sometimes that, that, **y' know** =
Ken : [[laugh]
Steve : = the the the beat is very
[mellow and very [quiet, lo:ng /?/ **Y' know**, =
Ken : [Um. [Um, Yeah.
Steve : = if you do that, for like 15 minutes listen to that
[type of music for =
Ken : [Um.
Steve : = [20minutes and you get sleepy.
Ken : [Um. Yeah.
Steve : Yeah. [[laugh] =
Ken : [[laugh]
Steve : = But it's beautiful, right? Yeah. =

(6)ではSteveが「クラシック音楽は3、4曲目になり、20分も聞いていると眠くなる」という意見を述べている。この間に6回y'knowが発せられ、「ね？　わかりますか？　わかるでしょ？」といった、やや聞き手依存する関与(involvement)が見られている。Steveにしてみれば、細かい説明を試みる時、相手が理解しない、また、誤解するかもしれないが、伝えようとする姿勢を示している。または相手が話についてきているか、自分からの情報が共有されたかを確認しながら説明を進めているとも言える。このように「わかりますか？　わかりますよね？」と相手にやや依存しながら、自分の主張したい点の説明をしようとする時、今回のトランスクリプト（2016–2022 年度）を通して、よく y'know が用いられていた。

日本語では、いかがなものだろうか？　細かい点を説明しようとするとき、相手の理解に頼りたい場合、語用論的表現は使われているだろうか？下の(7)に見るように、日本語では同様の場合、「なんか」が用いられていた。

（7）… 大学 3 年生マキが母朝子に、LINE で仕事に関するやりとりをする場合、絵文字を使ってよいか、について意見を聞いている…〈2022 年度トランスクリプト 対面会話〉

1　マキ：.. なんかどうしようって思って :, つ .
2　　　　全く使ってないんだけど＝
3　朝子：　　　　　　　　　　　　うん
4　マキ：＝そしたらなんか
5　　　　めっちゃさあ [laugh]　淡白な人みたいな [laugh]
6　朝子：　　　　　　　　　　　堅い人みたいな [laugh]
7　マキ：めちゃたん
8　朝子：　　　　　あだから .. じゃ . 絵文字の種類も選べば良いん
9　　　　　　　　　じゃないの？
10　　　　.. なんかちょっと笑うぐらいだったら
11　　　　良いんじゃない？
12　マキ：　　　　　　　　あ : いいのかなあ
13　朝子：うん . だからその .. 前のことを踏まえてね
14　マキ：うん .. そう . なんかそ の,
15　朝子：　　　　　　　　　　　　あとはよろしくお願いしますで＝
16　　　　＝ペコって下げるぐらいな　ら＝
17　マキ：うん　　　　　　　　　　あ ::

18　朝子：＝いいんじゃないの？
19　マキ：　　　　　　　　　　　いいのかなあ
20　　　　なんか.使ってないんだけどさ:あ.だけどその:... 社員の仕事やっ
21　　　　てくれてる＝
22　　　　＝主婦の人はさ:, なんかありがとうございますにこ.とか:,
23　朝子：うん
24　マキ：「ごめんね?」. なんかちょっと .. あせ. みたいな 感じで＝
25　朝子：　　　　　　　　　　　　　　　　　　　　　あ::
26　マキ：＝使ってくれてるんだけど，＝
27　朝子：　　　　　　　　　　　　　うん
28　マキ：＝でもなんかそれにのっていいのかみたいな [laugh]
（対話つづく）

この対話で、マキはアルバイトにおいて「LINEで仕事の話をする場合、絵文字を使ってよいか」というナイーブな問題について、母親に意見を聞いている。かなり「なんか」を多用している。母にこの状況をわかってもらいたい、誤解されたくはない、と考えていると思われ、細かい点を説明しようとしており、日本語対話(7)は、その点で英語対話(6)と似た状況だと言える。日本語においては、相手理解を求め、相手の理解に少し依存するような態度が「なんか」の使用に現れていると思われる。

日英比較の談話分析において、何と何を比較するかは、難しい時もある。談話標識はしばしば多機能（multi-functional）であるため、「機能」をもとに比較する場合と、そうでない場合もあろう。今回のy'knowと「なんか」は、日英のトランスクリプトの観察から、共通して、「細かい点の説明の場合、相手の理解に頼る / 理解を求める」姿勢を、意味 / 機能として伝えていた。この機能については、今回のトランスクリプトの分析からは、2表現は相当語と見なされよう[4]。

〈**トピック3**〉英語会話では、okayが、情報が「共有された」ことをマークしていた。日本語の相当語は「そう」だろうか？
〈分析結果〉日本語会話では、「そう」が情報共有されたときに発話されていた。情報共有をマークするのに、英語では okay、日本語では「そう」が用いられる。

今回、情報構造において、情報が共有されたとき、どのような表現が発話されるか、「トランスクリプト 2016–2022 年度」を観察してみた。会話者の間で、特定の情報が共有された時である。今回観察した日本語会話において、ある情報が参加者（2 名）に共有されたとき、よく okay と「そう」が用いられていた。

(8) は、日本に 30 年住んでいるカナダ人英語講師 Steve と大学 3 年生 Ken のビデオ会話からの抜粋である。抜粋(6) と同じ会話からのもので、(6) より後の部分である。

（8）… Steve が、妻になる女性に最初に会ったとき、その人は社交ダンスが好きだったと説明する場面である…〈2022 年度トランスクリプト ビデオ会話〉

Steve : = she liked uh, she liked uh- ballroom dancing. You know what
ballroom [dancing is? =
Ken : [Ballroom? Ballroom.
Steve : = [In Japanese we say "*shako dance*"]
Ken : [A kind] A:h, I got it. Umm.
Steve : **OK**. Right. Y' know I- I, when I have, when I first met her, =
（対話つづく）

Steve は 1–2 行目で ballroom dancing が何かわかるか、Ken に聞いている。4 行目で社交ダンスという日本語を出し、5 行目で Ken は「わかった」と返答している（ここでも Ken により、新情報を得た時の日本語の反応「ああ」が発話されている）。Steve は「自身の妻になる人が、社交ダンスが好きだった」という情報が、聞き手 Ken と自身で共有できたと認識し、6 行目で OK

という談話標識を発話した。OK のあとに Right（はい）も共起している。

ここでは、英語は（8）のみを例として挙げるが、トランスクリプト（2016–2022 年度）を通して、OK は共有知識の確立を認識したというメタ知識を表す DM として用いられていた。

さて、日本語会話において共有情報の受領を表す表現として、「そう」が（少なくともそのうちの 1 つとして）用いられていた。

（9）はユキ・アリ・ミサの大学 4 年生 3 人が、住んでいる学生寮の屋上で録音した対面会話からの抜粋である。アリだけユキ・ミサとは別の大学に通っている。

（9）…3 人は、自分たちが通う 2 つの大学の学部学科の話をしている…
〈2022 年度トランスクリプト 対面会話〉

1　アリ：A 大って . なんだっけ . 教育 . てさ＝
2　　　　＝教育学部みたいなのがあるの
3　ミサ：教育人間科学部
4　アリ：へえ：
5　ミサ：　　　教育学科＝
6　　　　＝と . あと心理がある
7　アリ：. へえ：
8　　　：教育人間科学部
9　ミサ：そうそうそう
　　　　pp
10　アリ：/?/
（会話つづく）

ここでは、一人だけ別の大学に通うアリが、2 行目で A 大学の教育学科の学部について質問している。ミサは 3 行目で「教育人間科学部」という名称を提供する。4 行目でアリはこの新情報を受け取り、8 行目でその学部名を繰り返して発話する。ミサは、学部名称がアリと共有できたと認識し、「そうそうそう」と発話している。この例も、話者ミサが、共有知識の確立を認識し、「聞き手が知ったことを知った」というメタ知識(meta-knowledge)にもとづき、「そう」の繰り返しを 9 行目で発話した。

トピック 3 では、会話の中で共有情報の成立を認識した際、発話する表現として、英語では okay、日本語では「そう」が用いられていたことを見た。

4.2　談話標識についての日英対照分析

では、今度は、日英対照の談話分析の 2 番目の項目(2)「談話標識」について比較を試みる。2 つのトピックについて、分析してみよう。日本語トランスクリプトを見たところ、発話頭の「で」(「それで」の縮約形)がよく用いられていた。

〈トピック 1〉 日本語会話の発話頭で、「で」がよく用いられている。英語会話で相当する表現は then だろうか？
〈分析結果〉 日本語会話において、話し手は発話の冒頭で、「で」と言って、話を続けていた。英語会話で相当する表現は、and だと思われる。

次の日本語会話の抜粋(10)は、マリとミホの対面会話からのものである。抜粋(5)と同じ会話からである。

(10) … 会話の前週に大阪へ旅行したミホが、2 日後に大阪へ旅するマリに、旅程について話している場面…〈2022 年度トランスクリプト 対面会話〉

1　マリ：何日で行ったんだっけ，1 泊？
　　　　p
2　ミホ：　　　　　　　　　　　　　1 泊 . =
3　マリ：= うん
4　ミホ：で :, だから 2 日目がユニバでつぶれる [から =
　　　　　　acc
5　マリ：　　　　　　　　　　　　　　　　　　[うんうん

6　ミホ：＝それ以外の行きたいところは:まあ１日目，しかなくて：
7　マリ：　うん
8　ミホ：で，なんか，'そのときは：なんかそんなになんか．ここに行きた
　　　　　　　　　　　　　　　　　　　acc　　　　　　*f*
9　　　　いっていうのがあんまりなくて
10　マリ：　うんうん，
11　　　　ないよね［そんなこと言われても
　　　　　　　p
12　ミホ：　　　　［なんとなく行ったの．
13　　　　でその日が終わってから，あそういえばあそこ行ってないね＝
　　　　　　　　　　　　　　acc
14　　　　＝［あそういえばあそこ行ってないねっていうのがどんどん出てきて，
15　マリ：　［[laugh]
（対話つづく）

(10)で、話し手ミホは3回「で」を用いている。いずれも発話の冒頭である。機能(DMがその場所で何をしているか)を見ると、話し手が「まだ順番を持っています。話は終わっていません」ということを知らせる「順番維持」(continuer)だと思われる。(第3章1.4にも英語のcontinuerの分析がある。)

4行目の「で」のあと「だから」という別の接続詞(そしてDM)を発していることを見ても、意味論的意味から見ると、談話の流れには「で」がなくても全く支障はない。なくても命題は全く変わらない。この対話はかなりテンポも速いようだが、この「で」があったほうが、話し手も話しやすかったのだろう。速い会話の中で自身の順番をまず維持し、話を進めている。8・13行目の「で」も、それがなくても意味論・命題的意味が変わらないことをおわかりいただけると思う。8行目「で」も、すぐあとに別のDM「なんか」が来ていることからも、「で」の意味は軽いようだ。しかし、談話構成的には(discourse-structuring)話し手はまず自分の順番を確保してから、話を進めている。8行目の「で」は、「…なくて」という形容詞の連用形のあとに続いている。統語論的には、「で」がなくても全く不自由なく談話は進められ

ただろう。しかし、この種の「で」(8・13 行目）は、統語論・意味論的機能ではなく、話し手の行為（アクション）すなわち「順番を続ける」という行為（continuer）を表明している。Schiffrin（1987）の談話モデル（第 3 章 1.1 図 1 参照）における「行為構造」の中で働いている要素とみなされる。Continuer（「続けますよ！」という表明）はどの言語の会話にもよく見られる DM である。

「で」は、接続詞「それで」の縮約形である（NINJAL 1955, Onodera 2004: 6)。「それで」の「それ」が落ちて、口頭表現としては「で」として使われているものと思われる。

では、英語会話においては、話し手の「順番維持」(continuer）はどのように行われているだろうか？　日英比較の視点から見てみよう。英語会話トランスクリプトから、抜粋（11）を示す。アメリカ人英語講師 Tom と大学 3 年生 Yuri は公園での対面会話を録音した（2018 年度トランスクリプトより）。

(11) … Tom が 10 代のころ、どのような仕事をしていたか、について話している。ここでは、最初の仕事はソフトボールのスコア係をしたという経験について語っている…〈2018 年度トランスクリプト 対面会話〉

Tom : It’s forty years [ago.
Yuri : [Hm.
Tom : **And**. (2 seconds) I would do … three or four games a day,
so .. twenty dollars
Yuri : Oh..
Tom : **And** I’m 1970 / ? / my first check. First I got pay was thirty dollars
for the day.
Yuri : Hmm. (nodding)
Tom : **And** now it’s like ’*rokusen-yen*’, right, so I was eleven. [
Yuri : (nodding) [Wow.
Tom : That’s a good to have that.
And I do that on Saturday and Sunday but then during the holidays,

13 (clearing his throat) I work all these games and I was actually
14 an announcer =

（対話つづく）

Tom が 11 歳で初めての仕事をしたと聞いて、Yuri が「何をしましたか？」と聞き、Tom が答えている場面である。(11) で話し手 Tom は 4 回 And を用いている。いずれも発話頭である。この and をまず統語的に分析すると、名詞と名詞をつなぐ接続詞（例 an apple and an orange）ではない。9 行目の And だけは、「最初に支払われたのが 30 ドルだった。」と「それは 6 千円だ。」という 2 つの命題をつないでいるともみられ、節と節をつなぐ等位接続詞（例 I was a tennis player and he was a baseball player）とも言えるが、他の機能もありそうである。

4 つの And が担っている主な役目は、話者が他の人に順番を渡すのではなく、「自分の話が続いていますよ。自分が順番を取って、話を続けます」ということを標示する「順番維持」（つなぐマーカー ; continuer）だと思われる。上の日本語会話 (10) で見た「で」の働きとよく似ている。(10) と (11) は両方とも、一人の話者が過去の出来事について報告している。ジャンルとして、「会話の中の物語り」（conversational narrative）といえる。複数の人が参加する会話が進行する中で、1 人の話者が発言権を保有し、ひとしきり自分の経験などを語ることが時々あるが、そうした話は会話の中の物語り、または、物語り（ナラティブ ; narrative）と呼ばれる。談話分析分野が開始された 1980 年代当初から、会話（conversation）も物語り（narrative）もよく分析されてきたジャンルである。(11) は、Tom による過去の経験談というナラティブであり、(10) もミホが大阪旅行を思い出しながら語っているナラティブとも言える。順番維持の DM「で」と and は、ナラティブでよく用いられると言って良いだろう。（Onodera 1999 で英語会話ナラティブを分析したが、そこにも多くの and が用いられていた。）

第 3 章の 1.4 では、Schiffrin (1987) による and の分析例を示した。Schiffrin は and の機能について、大きく 2 つに分け、等位的構造マーカー

(1.4.1) と行為をつなぐマーカー(1.4.2) の機能の様相を描写した。この第 4 章の 4 節「日英対照の談話分析」の、談話標識についての〈トピック 1〉「日本語会話の発話頭で「で」がよく用いられている。英語会話で相当する表現は then だろうか？」で、上に観察した and の機能は、「つなぐマーカー」(continuer) にあたる[5]。

したがって、日本語会話の発話頭で「つなぐマーカー」「順番維持」によく用いられている「で」に相当する英語の DM は、今回のトランスクリプトを分析する限りでは then ではなく、and だったと検証された。

〈**トピック 2**〉DM「てか」は、衰退してしまい、もう日本語会話で使われていないだろうか？
〈分析結果〉2000 年代初期に、若者ことば「てゆうか」は DM である可能性もあったが、2022 年度トランスクリプトでは 1 度も使用がなかった。前年の 2021 年度までは、少し使用が見られた。今回のトランスクリプト分析からは、明確に衰退傾向と断定はできなかった。

「ってゆうか」は 2000 年代初期に論文も書かれ、DM として定着する可能性もある流行りことばであった (原田 2015、小野寺 2011 参照)。この表現の推移は、仮説的に次の (a) のように考えられる。

「と言うか」→「ってゆうか」→「てか / つか」(a)

引用形式「と」に動詞「言う」がつき、副助詞「か」がついた形が先にあったと思われる。音韻的縮小 (phonological reduction) を起こし、「ってゆうか」が現れ、やがて、もっと短い「てか」や「つか」という形が出現したのではと考えられる。ここではデータをもとにした通時的分析まで行っていないが、上の (a) という仮説的プロセスは、もともと節末表現であった「○○と言う」から、節頭の「ってゆうか」「てか / つか」に移行したものと推測的に考えられる。原田 (2015) では、これが拡大する文法化 (広義の文法化 ; 語用論標識など発話頭に出現する形式の発達も、文法化に含めるもの。原田2015: 19。第5章1.2拡大する文法化も、参照されたい。）にあたるとしている。その考え方に則れば、「ってゆうか」「てか / つか」も発話頭の「だから」「でも」と同様、PM/DMとして出現したということになる。

発話頭の「てか」が、日本語トランスクリプトの2016年度から2021年度まで現れていた。(12)は、道香と桜のLINE通話での会話からの抜粋である。道香と桜は別々の大学に通う4年生である。

(12) … 2020年6月、コロナウィルス感染拡大による外出自粛から、美容院に行けない状況を嘆く場面…〈2020年度トランスクリプト ビデオ会話〉

1　道香：てか美容室行ってないんだよね，行きたいわ
2　桜：　いつから行ってないの？
3　道香：2月？
4　桜：　えっ
5　道香：　　やばいよね
6　桜：　　　　　　4ヶ月も行ってな：い
（対話つづく）

新しい話題に入る冒頭で、道香が「てか」と言って話を切り出している。トランスクリプトを通して見ると、新しい話題や、新情報提供の前に使っている様子がうかがえる。

あと1例、抜粋(13)を見てみよう。キミ・マイ・ハナは同じ学生寮で生活する友人同士で、皆、大学3年生である。3人の対面会話からの抜粋である。

(13) … ハナが通い始めた自動車教習所での教習の進捗状況について話している…〈2021年度トランスクリプト 対面会話〉

1　ハナ：仮免1発で行けた？
2　キミ：［うん
3　マイ：［うん

4　マイ：や，でもいけてない子いたよ ┌普通に
5　キミ：　　　　　　　　　　　　　└うん
6　マイ：てか 私，その前のが何回かやっちゃったし，測定
7　ハナ：あ::, 効果測定？
8　キミ：あ::, えあれ結構難しいよね
（会話つづく）

(13) 6 行目で、マイは自身が教習に行っていたとき、効果測定を何度か受けなおした経験を話している。その順番を取る際、「てか」と発話している。順番を取るための「てか」とも、新情報を言い出す前（話題転換の前）の「てか」とも言える。

このような新しい話題・新情報の切り出し・順番取り (turn-taking) のための「てか」は、日本語会話トランスクリプト 2016–2022 年度の中で以下のように出現していた。

表 2　発話頭「てか」の出現推移

トランスクリプトの年度	出現回数（回）
2016	2
2017	4
2018	3
2019	1
2020	3
2021	2
2022	0

第 4 章 2 の 表 1 で説明したように、7 年間の日本語会話トランスクリプトは各年度 9 から 13 人の学生によって提出された。2016 年度から 2021 年度までの「てか」の出現回数の平均が 2.5 回であることを考えると、2022 年度の 0 回は目立つが、このことをもって「てか」という DM が衰退してしまったかどうかは断言はできない。あと少し、何年間か推移を見ることで、

衰退の方向へ向かっているかどうかが見えてくるだろう。

〈トピック 2〉「DM「てか」は、衰退してしまい、もう日本語会話で使われていないのか？」の分析結果として、上記のように 2021 年度までは使用されていることがわかった。2022 年度が初めて出現 0 回となったが、「てか」が衰退したのかどうかは、今後の日本語会話の観察に委ねられることとなった。

ここまで、今日の英日語会話の談話分析を比較対照しながら、見てきた。今日の言語（Present-Day Language）の談話分析、つまり、共時的な英日語会話比較の談話分析である。「情報構造」についての 3 つのトピック、「談話標識」についての 2 つのトピックを立て、大学生が参加する英日語会話のトランスクリプトを観察・分析した。いずれのトピックについても、答えを出す / 結論を導くためには、ともかく、データが何を物語っているか、よく見て、データに語らせることが肝要だろう。談話分析は、そのように帰納的で、科学的な（誰が何回調査しても、同じ答えが出る）研究領域だと考えられる。

次の章では、今度は、時間軸を縦軸として、通時的談話分析の英日語の場合を見ていこう。通時的分析は、時間の推移を追って見るということであり、すなわち歴史的分析のことである。

注

1 この手法で行っているゼミおよび「英日語の談話分析」は、青山学院大学研究倫理審査委員会の承認を得ている。

ゼミでは、過去のトランスクリプトを含め、ゼミ生と担当教員が研究論文・卒業論文・グループプロジェクト・ゼミ論文を書く際に、トランスクリプトを使用しても良いと許可を得ている。トランスクリプト内の氏名は全て仮名である。今回、2016–2022 年度ゼミ生にご協力いただきました。この場をお借りして御礼申し上げます。

2　2020 年度の英語トランスクリプトは 1 名だけ時間の記入がなかったため、おおよその時間を入れた。

3　談話分析では、自然発話の収集を基本としているため、作例 (made-up sentences) は極力避けるが、ここでは、敢えて、わかりやすい簡潔な例から情報構造について説明したい。

4　Y'know と「なんか」の共通点を機能面から見出したが、しかし、人の言語使用には個別言語の特有性 (idiosyncrasy) の問題は残りそうだ。相手の理解に依存したいとき、y'know を使う人と like や別表現を使って同様の意味を伝えようとする人もいるかもしれない。談話分析ではトランスクリプトをじっくり観察することが最も重要だが、そうした個人言語の特有性の問題はあるかもしれない。個人の話し方の癖や語彙選びの問題である。

当該の分析は、その時扱っているデータから言えることだ、ということは常に了解しておくべきである。

5　英語表現 and には、もちろん統語論的に、論理的接続を行う接続詞としての役割や、意味論的に等位的構造をつなぐ役割など他にも機能がある。このセクションで見た and の機能はそのうちの一部である、行為構造で実践されているものである。談話運営の中で、人の行為をつないでいる。

例によっては、行為・論理的接続など複数を同時に作用している場合はありうるため、1 つ 1 つトランスクリプトの中で、よく観察することが肝要である。

第 5 章
談話標識の通時的分析（日英語比較）

Schiffrin (1987) による談話標識 (DMs) についての共時的研究は、これまでの品詞 (word classes) という概念は有効なのか、談話における意味の一貫性 (coherence) はどのように構築され、認識されるのかなど、多くの問題点を投げかけ、その後の言語研究に影響を与えながら、後続する話しことば研究に引き継がれていった。

DMs は第 1 章でも述べたが、共時的分析・通時的分析がなされている。言語学においても、DMs の成り立ちプロセス・DMs 出現の動機付けなどは重要な問題と見なされている。第 5 章では、その DMs の通時的研究の枠組みと日英語の DMs の分析について報告する。

DMs の通時的発達について解明を試みるメカニズムとして、文法化 (第 5 章 1 節)、構文化 (第 5 章 5 節) という枠組みについて、先行研究を振り返りながら、重要点をまずは概観する。それぞれの理論的枠組みの概観のあとで、具体例として、英日語の DM の拡大する文法化についての分析 (第 5 章 3.1 besides、第 5 章 3.2「だけど」)、日本語の DM の縮小する文法化についての分析 (第 5 章 4.1「わけ」)、英語 DM の構文化についての分析 (第 5 章 6.3 after all) を示す。

DMs の発達プロセスが、何という理論的通時的プロセスで説明されるのが最善か、という問題については、第 6 章で文法化・語用論化・構文化・(文文法からの) 組み入れ (cooptation) という 4 つのプロセスを概観しながら述べる。

1. 文法化

言語学には「人間の言語のあり方の解明と説明という究極的な課題が課せられている」(ナロック 2016: 242)。1960 年代、生成文法 (generative grammar) の波が言語学を完全に覆ったあと、「究極の構造主義と見なされた形式文法論に反発し」(ナロック 同上)、一部の研究者が代わりとなる言語構造の説明の試みをし始めた (ナロック 同上)。認知言語学と文法化論が「そうした動きの顕著な産物」であるとナロックは述べている。彼はまた Heine (1997: 2) による考え「言語は歴史の産物であり、まずそれを成立させた要因を参照して説明されなければならない」を引用し、文法化論においては、「共時的な言語構造のあり方を十分に理解するには、その通時的な成立を知ることが不可欠である」とした。

1980 年代から、文法化研究は世界の言語を対象として発展の一途をたどる。文法化の定義としては、Kuryłowicz (1975[1965]: 52) による「文法化は、ある形態素が語彙的なものから文法的なもの、あるいは文法的なものからより文法的なものへとその地位を拡大する [過程] である」が基盤となっている (ナロック 2016: 241)。このうち、問題となる「形態素」に絞られた点が改善された (ナロック 同上) 定義が Hopper and Traugott (2003: 1) によるもので、

> 文法化は、ある語彙的要素あるいは構文がある言語的文脈において、どのようにして文法的機能を担うようになり、または文法的要素がどのようにしてほかの文法機能を習得するかを明らかにしようとするものである。
> (ナロック 訳)

また文法化について最初に述べたとされるフランスの比較言語学者 Antoine Meillet (1912: 131) は、論文 "L'évolution des formes grammaticales" (文法形式の発達) の中で、文法化とは "... le passage d'un mot autonome au rôle d' élément grammatical" (自立語から文法的要素という役割へのプロセス) と述

べている（秋元 2001: 1 も参照）。

談話標識（DMs）の発達についての観察が始まった（Onodera 1993, Fludernik 1995）のち、1995 年にはその後の談話標識の通時的分析にとって重要な提言が Traugott（1995）論文 “The role of the development of discourse markers in a theory of grammaticalization” においてなされる。Traugott は、文法化における他の傾向（clines）、名詞の傾向（名詞の側置詞＞格）、動詞の傾向（主動詞＞テンス・アスペクト（相）・法マーカー）に加え、新たに談話標識についての傾向を次のように提案する。

節内の副詞 ＞ 文副詞 ＞ 談話詞（談話標識はその下部タイプ）
Clause-internal Adverbial > Sentence Adverbial > Discourse Particle

文法化理論の発達にともない、その後、2010 年代には明確に「拡大する文法化」として報告されるようになる傾向（cline）である。ここでは、まず、伝統的な「縮小する文法化」（1.1）と「拡大する文法化」（1.2）について説明する[1]。

1.1　伝統的な縮小する文法化

一般に文法化と言えばこのタイプのプロセスが思い出されるもので、典型的・伝統的考え方による標準的なものである。伝統的文法化プロセスにおいては、Lehmann（1995）による文法化のパラメータや Hopper（1991: 22）による文法化の基準（次節 1.2 を参照されたい）が判断・分析の軸ともなってきた。

青木・高山編（2020: 119）は、文法化とは「一般に、名詞・動詞・形容詞などの自立的な内容語が、助詞・助動詞などの付属的機能語になる通時的変化」と考え、次の文法化の意味・形式における特徴を、文法化判定の際の基準としている。

（1） a. 意味の漂白：内容的意味を失い、機能的意味に特化すること。
　　 b. 形式の非自立：自立性を失い、他に付属するようになること。

c. 形態の縮小：融合や脱落によって元の形から小さくなること。
d. 使用範囲の拡大：共起する語の種類が増えること。

（青木・高山（編）2020: 119[2]）

この例として、日本語(i, ii)、英語(iii)が挙げられる。

（2）i. 丈（たけ）（名詞：「高さ」）→ 金だけ(助詞：限定)
ii. 賜（たま）ふ（動詞：「お与えになる」)→ 読みたまふ(補助動詞：尊敬)
iii. go（移動を表す動詞）→ be going to V（助動詞：未来）→ be gonna V

(2) i 丈（たけ）の例は、「高さ」を意味していた名詞から、名詞に付属する助詞への変化を示している。変化後の形では、もとの「高さ」という内容的意味が失われており、(1) a の基準を満たす。b の基準も、他への付属性(boundness, dependency)の増加から満たされる。付属性とは、自身だけで自立できず、他に付属(依存)しなければならないという性質である。

(2) ii も「与える」という意味を失い、尊敬だけの意になり、補助動詞として動詞に付属しなければならないため、文法化の特徴(1)a、b を満たす。

次に英語の例(2) iii はどうか。伝統的(縮小の)文法化の例として、しばしば例示されるものである。自立した内容語である動詞 go(行く)から時間を経て、be going to V という形式が見られるようになる。Be going to の go は、もはや自身だけで独立できず、先行する be ＋進行形 going ＋ to というひとかたまり(他要素に依存した形)の機能語となる。さらに時間を経て、複合動詞 going to は、再分析により、単一の形態素 gonna として見られるようになる(秋元・保坂(編) 2005: 6)。また、ここに見られる音韻的縮小(gonna)も文法化の特徴である。

助動詞 be going to の発達の中で、どのように統合的(syntagmatic)、範列的(paradigmatic)構成が移行するかもよくわかるため、以下に Hopper and Traugott (1993: 61)による図を示す。

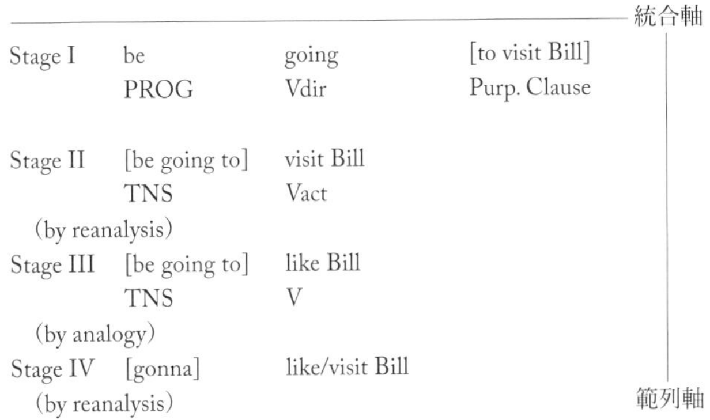

図 1　Schema of the development of auxiliary *be going to* (Hopper and Traugott 1993: 61)

ステージ I は、方向の動詞 (Vdir) と目的を表す節の進行形の段階である。ステージ II は、未来を表す助動詞＋行為動詞 (Vact) の段階で、再分析による。ステージ III は、方向を表す動詞から全ての動詞 (like など状態動詞含む) へという、類推による拡張の段階である。ステージ IV は、複合動詞 be going to が単一の形態素 gonna へ再分析されたために起きた段階である (Hopper and Traugott 1993: 61)。

ここで、再分析 (reanalysis) と類推 (analogy) は言語変化における主要なメカニズムである。再分析は通常、線状の統合的 (syntagmatic) 再構成や規則変化をもたらす。観察不可能のものである。一方、類推は、観察不可の再分析を観察できるようにしてくれる。類推は、範列的 (paradigmatic) 構成の問題であり、変化は表面的コロケーション (例 like なのか visit なのか) や使用パタンに起きる。

ここで、DMs の発達と文法化に関して重要な点は、「縮小する文法化」(1.1) と「拡大する文法化」(1.2) を分ける、「依存性」(boundness/bondedness, dependency) と「作用域」(scope) という要素 2 つである。

依存性とは、文法化の特徴 (1) b の「形式の非自立：自立性を失い、他に付属 / 依存するようになること」である。その語 (句) 自身だけでは自立できず、他の要素と付着した状態でないと用いることができないことをいう。文法化の結果である be going to の go の部分は、もはや go 一語のみでは働くことができなくなったことを指す。

作用域とは、その語(句)の機能が及ぶ範囲を指す。上の go → be going to の例でいえば、動詞 go は、自由に go to school、go on a trip など広い言語的コンテクストの中で用いることができるが、be going to の go は、自由に、場所を表す副詞句などが後続したり、自由な時制で振る舞うことはできない。この場合、動詞 go の作用域(scope)は縮小したという。

縮小する文法化とは、語句の自立性・自由な振る舞いが狭まり(拘束性 / 依存性の増加)、作用域が縮小する変化現象を指すため、縮小と呼ばれる。

DMs の件で重要と述べたのは、この文法化の性質 2 つ「拘束性 / 依存性の増加」「作用域の縮小」に、DMs の発達が違反する点である。この点について、1.2 拡大する文法化で述べる。

1.2　拡大する文法化

英語の DM indeed は、おおよそ Stage 0-3 のような意味機能変遷を遂げる。[Stage 0. deed(語彙的名詞。「行為」) > Stage 1. in deed(文中の副詞句。「行為 / 実践において」) → Stage 2. Indeed(文頭の副詞、つまり文副詞。「実際」) → Stage 3. Indeed(文頭の DM。「実のところ(scalar、つまり、精度を上げる DM)」] (Traugott 1995: 7–9)。詳細も後述するが、この発達プロセスは、多くの文法化の特徴を示しているが、2 点のみ、長い間伝統的とされてきた文法化の特徴に反例を示している。それが、拘束性 / 依存性の縮小(decrease in dependency/boundness)と作用域の増大(increase in scope)である。伝統的な文法化と判断されるためには、依存性の増加(1.1 の(1) b)、作用域の縮小を起こさねばならない。Indeed の場合は、逆に、文頭に立つ、独立語としての副詞・DM となるため、文頭で自由に振る舞うことができる(依存性がない)。また、作用域も、もともと文中の動詞を修飾する立場だったもの(文中レベル)が、文頭で、前述の談話と後続の談話の関係を標示するような(談話レベル）、より大きなレベルで作用するようになり、作用域は拡大している。

DMs の通時的研究、つまり DMs の発達についての研究を行ってきた Brinton（2017）や Traugott（1995, 2022a, b）は、どのように考えるのか？ Traugott（1995: 15）は次のように述べている。またこの箇所を引用して、Brinton（2017: 27）も支持している。

> DMs の発達は、次の点を除いては、［特に］初期段階で典型的文法化と一致する。それは、ある言語、そしてまた、ある文法領域では、［DMs の］構文の中で形態統語的依存（bonding）の増加と共に、統語的複雑さ、ましてや自由度の増加を起こす点である。［しかし、］これを文法化以外のものと考えるのは、より標準的な［文法化の］傾向［clines］との共通項を不明瞭にするものだ。（Traugott 1995: 15; 筆者訳）

上の言明の中で、典型的文法化と合わない点と言及されているのはまぎれもなく、1.1 の最後で述べた、英日語など（おそらくどの言語も[3]）の発語頭に立つ DMs が「依存性の縮小（語（句）の自由度の増大）」・「作用域の増大」を引き起こす点である。依存性の増加と作用域の縮小という 2 つの点を、文法化の基準的性質から排除しようと、Tabor and Traugott（1998）では明確に提言することになる。こうして、文頭（発話頭）に独立した語として出現し、自由に振る舞い、しかも、作用域としては、文中で節と節をつなぐ要素から、談話と談話をつなぐ要素へと発展した DMs は、文法化の一部として扱われることになるのである。

Brinton（1996, 2017）は、Traugott とともに、DMs の発達を文法化として扱ってきた主要な研究者であるが、Traugott の意見同様に、次のように述べている。「PMs[4] の研究の多くは（自分のものも含めて）文法化の枠組みで行われている」（Brinton 2017: 27）、そして、PMs の発達は「作用域の増大・依存性の欠如を除いて」（Brinton 2017: 30）「文法化の多くの性質を示す」（p.27; 筆者訳）。

Brinton が PMs の発達を文法化と見なす基準として、Lehmann（2002）があげる文法化のパラメータに合うと考え、下の4点を示している(Brinton 2017: 27)。

（1） 他の文法化を起こす要素同様、PMsは非常に広い意味を持つ動詞・名詞・形容詞・副詞から成り立つ(例 say, see, look, mean, know, think, fact, deed, stuff, things, well, right, now, then)。これらは開いた類(主要な類。open class)から閉じた類(closed class)へと変化する。
（2） 統語的に、PMsは、定型化または(部分的に)化石化(fossilized)する。
（3） PMsによっては、ある程度の融合(coalescence)を起こす。(例 y' know, 'fact, 'mean, sorta, kinda, lookit/looky)
（4） 意味論的に、PMsは、具体的命題的意味の漂白化(bleaching)を起こす(非意味化 desemanticized)。

さらに重要な点として、PMsの発達がHopper(1991: 22)による文法化の基準(a–d)に合うと述べている(Brinton 2017: 27–28; 筆者訳)。

(a) **Decategorialization**(脱範疇化)　品詞の形態的・統語的性質の消失。名詞であれば、形容詞による修飾や複数語化する能力を失う(例 indeed, in fact)。コメントクローズ(comment clauses, 挿入句)に採用された動詞の形は、1・2人称で、現在形に限られている。また述語を取れず、語用論的詞(particle)のような性質を持つ(例 I mean, I think, you know)。
(b) **Persistence**(保持化)　もとの意味(また、その名残り)を保持すること。たとえば、PMとしてのwellは受容性(acceptability)という意味を堅固に保持している。また、コメントクローズI findは「体験して発見する」という意味を持ち続けている。PMsは元の語彙的形式の意味から派生しており、その意味を持ち続け、それが将来の発展における方向性も決めていると考えられる。PMsとは、自身の意味論的源から完全に離れたわけではない。
(c) **Divergence**(分岐化)　[PMsとして成り立った後も]もとの語彙の

形や構文が存続することを指す。Thing、deed、sort や kind は継続して名詞として機能している。Well、now、then、right、actually、so は［PMs は PMs としての機能を遂行させることとは別に］様式や時を表す副詞として機能する。I think、I guess、I believe は、［PMs の機能とは別に］主語・時制・相に応じて述語を支配する母型節（matrix clause）として継続して機能する。

（d）**Layering**（重層化）［ある機能について考えれば］文法化で出現した新しい形も、その機能を持つ、古くからあった形も共存することを指す（例 並置のマーカー I mean が、以前からの that is to say や to wit と共存して、使用されること）。　（［　］は筆者による補足）

このように、DMs の発達は、標準的な伝統的文法化プロセスに合致する性質を多く示す。2 つの点「作用域の増大」「依存性の縮小（自立化）」だけが、文法化の基準とされてきた点に逆向きの現象であるが、そのため、研究者によっては、DMs の意味機能発達を文法化に入れることに躊躇を示し、語用論化（pragmaticalization）と考えたり（Erman and Kotsinas 1993, Aijmer 1997）、別の現象だと説明を試みることも行われている（この点については第 6 章を参照されたい）。「作用域の増大」は、節と節、文と文をつないでいた接続機能（textual function）を例にとれば、談話と談話という、より大きな範囲の言語をつなぐ機能を持つようになることであるし、「依存性の縮小」とは、他要素へ依存（bondedness/dependency）するのではなく、マーカーが自立した要素となる現象である。やはり文法化の問題は、「何が文法であるか」という点に収斂されると言える（ナロック 2016: 241）だろう。

縮小する文法化と拡大する文法化は、結局、文法についての理解の違いにもよると考えられている（トラウゴット 2011: 59–60）。

［伝統的縮小する文法化］の場合、語用論は核となる文法には含まれないと考えられているが、［拡大する文法化］の場合、語用論は文法の一部であると考えられている。　（［　］は筆者による補足）

つまるところ、この「文法と語用論の関係」の取り扱いが、DMsの意味機能発達を何というプロセスだと説明するのが最善なのかという問題(何を選ぶか)の決め手となるのではないか。

この点は、「話しことばに文は存在するのか」といった問題点と共に、言語とは何か、文法とは何かという大問題に結びつく。この問題については、第6章で再び取り上げる。

この節の最後で、節冒頭であげたindeedの発達について、もう少し詳しく見ておく。DMsの発達研究のごく初期の論文(Traugott 1995)で、拡大する文法化の例として観察されている。私たちがDMsの発達を分析する際にも参考になる記述が多いため、Traugott(1995)より紹介する。

Indeedは中英語(Middle English; ME)で発達したが、初期近代英語(Early Modern English; EMdE)で発達したin factと極めて近似の歴史をたどる。Deed(そもそも名詞の、行い、また、行為(doing, act(ion)))は語源的にゲルマン語であり、fact(そもそも名詞の、行い、また、行為(doing, act(ion)))はラテン語からの借用語であった。特に興味深いのは、どちらもdo(する)という意味を持つ動詞由来であり、真実性・確実性にかかわる認識的・メタテキスト的意味を持つ前置詞句から派生しており、どちらもDMsとなったという共通項があることだ。その歴史は数百年離れているが(Traugott 1995: 7)。

現在の英語(Present-Day English)では1語となっているindeedは、歴史的に追えば、初めは語彙的名詞deedであった(Traugott 1995: 7–9)。

Stage 0：語彙的名詞 deed(行為)

(3) nis hare nan þe ne … gulteð ilome oðer i
NEG:is they:GEN NEG:one that not sins much either in
fol semblant oder in vuel dede
foolish display or in evil deed
'there is none of them that does not … sin greatly either in foolish display or evil action' (c. 1225 Sawles Warde, p.167 [Helsinki Corpus])

中英語初期までには、この表現は(4)のように、繰り返し「行為において(in action)」という意味で定型的に用いられるようになる。

（4） Al þat þou hauest her bifore I-do, In þohut, in speche,
All that thou hast here before done, in thought, in speech,
and in dede, In euche oþeres kunnes quede, Ich þe forȝeue
and in action, in each other kind's evil, I thee forgive
'I forgive thee for all that you have done heretofore, in thought, in speech, in action, and in evils of every other kind'
（c. 1300 Fox & Wolf, p.34 [Helsinki Corpus]）

Stage 1：副詞句

In dede (in action; 行為において) という定型表現は「その現象が観察 / 客観視できる」(observable) という推論を招くことができる。ここで、推論を招く、つまり誘導推論 (invited inference) が、文法化の引き金となる重要な語用論的メカニズム[5]であることにも注意したい。そうした誘導が受け手 (聞き手や読み手) に働きかけられるため、新しい意味の誕生を起こす引き金となる。実際に「行為において」するならば、見られる (見るの可能の意味) という推論が生まれるという具合である。この前置詞句において、in dede は認識的 (epistemic) 意味の中の証拠の (evidential) モーダル的意味を持つようになる。「行為において」(in action/practice) から「事実、実際には」(in actuality, certainty)。これはよく対照的に用いられるようになる。(5) a では事実 vs. 意見、(5) b では事実 vs. 非事実 (untruth) のように。

（5） a. ofte in storial mateer scripture rehersith the commune
often in historical matters scripture repeats the common
opynyoun of men, and affirmeth not, that it was so in dede
opinion of men, and affirms not, that it was so in fact
'often where matters of history are concerned, scripture repeats men's

common opinion, but does not affirm that it was so in actuality [rather than opinion]'（c. 1388 Purvey Wycliffe Prol I, 56 [Helsinki Corpus]）

b. and sworn vpon a bok to sey the playn trouth and
and sworn on a book to say the plain truth and

nouȝt to meme it with eny ontrouth for hate or
not to mingle it with any untruth for hate or

euel will neiþer for loue ner fauour but plainly
evil will neither for love nor favor but plainly

report as it was in dede nouȝt sparing for nor persone
report as it was in fact not sparing for no person
'and was sworn on a book to say the plain truth and not mix it with any untruth because of hate, evil will, love, or favor, but plainly report it as was in actuality, not sparing anyone'

（1437 Doc. Chancery, p.168 [Helsinki Corpus]）

Stage II：文副詞

定型的副詞句 in dede は、広い作用域（文）か、狭い作用域（節内）かで語用論的にあいまいとなってくる。初期近代英語はじめには、(5) で描いた indeed は (6) のように節頭（clause-initial）の位置に現れるようになり、明確に統語的に文頭という作用域で働くようになる。ヘルシンキコーパスの初期の例では、(6) のように but や though とともに現れている。(5) で見たような対照の推論を誘導する indeed が、既に確立している逆接の接続詞（though）を強めるために談話の中に置かれる様子がうかがえる。この対照の機能においては、先行する議論や聞き手の中にあると仮定される議論に反駁するため用いられる。

たとえば（6）は、下層の子供より知識のない、高貴な子供のうぬぼれに偏らないようにしようと、わざとコンテストを企画しようとする場面である。

（6） somtyme purposely suffring [allowing] the more noble children to vainquysshe, and, as it were, gyuyng to them place and soueraintie, thoughe in dede the inferiour chyldren haue more lernyng.

（1531 Governor, p.21 [Helsinki Corpus]）

（6）では thoughe in dede の連鎖で用いられていたが、やがて明確な逆接マーカー（though など）は必要とされなくなり、indeed のみで逆接という語用論的意を表すようになる。（7）は現在の英語の例だが、文頭の副詞として「精度を上げる」機能を果たしている。

（7） Kenny, the son of a career foreign service officer, said the administration is failing to see that the mayhem in Bosnia-Hercegovina will spread to neighboring regions and perhaps all of Europe.

"It wasn't clear to people within the State Department until mid-April that indeed Bosnia was going to be engulfed in fighting," he said. "It should have been clear a month or two months earlier that this was likely."

（3 Sept. 1992, UPI）

Stage III：DM（情報のレベルアップをすることを告げる DM）

17 世紀までに、発話頭（節頭）で明確に「このあと（情報の）精度を上げますよ。これから詳述しますよ」という談話の意図を標示するディスコースマーカー用法を見つけることができる（Traugott 1995: 9）。DM として indeed は対照の意味を保持しながら、特に早期の例において、起こりうる問題や疑問を確認したり、より詳述したりする。この詳述は、さらに「情報量のレベルを上げる」（scalar function）という談話機能へと拡張すると Traugott（1995: 9）は述べている。情報量レベルを上げる機能は、「先行の談話（D1）にあった情報量より、さらにレベルアップして(D2では)情報量を増し、詳しく伝える」というものである[6]。Fraserの考えにそって、TraugottもDMは、D1―DM―D2という連鎖において、D1とD2という隣接する談話部分の関係を示すと考えており、ここでもそうしたDMの機能を描写している。

(8) a. Dan. Is it any trouble of conscience for sinne? If it be, that may turne to good.
Sam. O, no, no. I know no cause why.
Dan. Why, what is it then, if I maybe so bold, I pray you tell me. I thinke you take me for your friend.
Sam. In deede I haue always found you my very good friend, and I am sure you will giue me the best counseil you can
(1593 Witches, p.A4V [Helsinki Corpus])

b. any a one that is not well, comes farre and neere in hope to be made well: **indeed** I did heare that it had done much good, and that it hath a rare operation to expel or kill diuers maladies
(1630 Penniless Pilgrimage, p.131. C1[Helsinki Corpus])

c. thereby [the flea is] inabled to walk very securely both on the skin and hair; and **indeed** this contrivance of the feet is very curious, for performing both these requisite motions
(1665 Micrographia, p. 212 [Helsinki Corpus])

以上が、Traugottによるdeed(名詞)→indeed(節内副詞)→indeed(文副詞)→indeed(DM)の発達の観察である。第5章1節文法化の箇所で、Traugott(1995)による、DMsの文法化の変遷傾向(cline)を示した。

(9) 節内の副詞 > 文副詞 > 談話詞(談話標識はその下部タイプ)

Clause-internal Adverbial > Sentence Adverbial > Discourse Particle

DMs とは、接続機能(textual function)または表出機能(expressive function)を持つ要素である。Indeed の機能に関しては、もともと自立語の名詞 deed から、節内で副詞の機能を果たす要素へと形態統語的変化、つまり文法化を起こす。さらに、文頭に出現して接続機能を獲得する。その接続機能とは、(節と節を結ぶ段階から、) 文頭の位置で、談話と談話を結ぶ接続機能へと発展を遂げる。接続機能の、明確な作用域の増大(節→文→談話)が見られる。

こうした DM の発達について早くから (9) の傾向を紹介していた秋元 (2001: 10)では、語用論標識(談話標識)の文法化について、

命題的 > テキスト的 > 対人的　　(秋元 2001: 11)

という傾向が言える、と述べている。Traugott (1982) による " 命題的 (propositional > ((接続的) (textual) > (表出的) (expressive)))" という言語の意味変遷における一般的傾向の提唱については、これが、意味変遷研究(semantic change)の核となってきたと前述したが、上で「命題的>テキスト的>対人的」とまとめられた傾向も、この核たる仮説的傾向と近似のものと考えられる。Traugott の表出的機能は、のちに主観的・間主観的機能と置き換えられる、人の態度・モーダル的姿勢・アングルを標示するものだからである。

このように見てくると、言語変化とは次のようなものかと思われてくる。言語は、太古より、人のコミュニケーション(インタラクション)の中で用いられてきた。その中で、ある語句の主な機能は、当初は客観的事実関係を示す命題機能だったかもしれないが、やがて、談話をさらに続ける接続機能、または、人の姿勢を表す表出機能を獲得する。言語形式は、たゆまないインタラクションという言語活動の中で使われているため、より新しい意味機能が誘導推論や他のメカニズム(メタフォー・メトニミーなど)によって、より多くの人々に広がる。インタラクションの中では、日々、話し手のストラテ

ジーも新しいものが登場し、徐々に人(話し手)の意味を含んだ主観的、あるいは間主観的意味が形式に習得されていく。そうした意味の獲得過程とともに、形式面では、DMs はコミュニケーションの信号として最も目立ちやすい発話頭に出現するようになる。

DMs の意味 / 機能と形式は、上のように、日々刻々と行われるインタラクションの連続の中で、長い歴史(時に何百年以上も)をかけて、徐々に変化を加えていくものなのではないだろうか。

DMs などによる「拡大する文法化」は、上のように人のインタラクションを視点に入れると、より自然に、その変化が見て取れるように思われる。

3 段落前に、意味変遷において徐々に主観的・間主観的意味が習得されていくと書いた。文法化では、縮小・拡大どちらのタイプの文法化においても、意味の面では、徐々に人の主観的・間主観的意味が付帯されるようになることがある。それが、主観化・間主観化というプロセスである。次のセクションでは、この主観化・間主観化について説明する。

2. 主観化・間主観化(主観性・間主観性)[7]

文法化(grammaticalization)・主観化(subjectification)・間主観化(intersubjectification)は、言語変化プロセスであり、そもそもどれもが自律的で独立したプロセスである。それは、文法化のみ・主観化のみ・間主観化のみが起きる可能性を示している。ところが、1970 年代には始められていた文法化研究により、文法化プロセスでは意味面において主観化・間主観化が共起する傾向があることが報告され、現在に至っている。

主観化と間主観化について説明するが、定義は次のようなものである。

> […] 主観化は、意味がより話し手 / 書き手を中心としたものになっていくメカニズムであり、一方、間主観化は、意味がより受け手[聞き手 / 読み手]を中心としたものになるメカニズムである。[…] 仮説として、いかなる語彙素(lexeme)L にとっても、間主観化は主観化から起こ

り、歴史的にも後に起きる。　　　　　　（Traugott 2003: 129–130; 筆者訳）

Traugott（1982）による、言語の意味変遷における一般的傾向「命題的（propositional）＞（接続的（textual）＞表出的（expressive））」において、人の感情・態度・アングルなどを表す表出機能は、Traugott による後の研究で「主観的機能・間主観的機能」に置き換えられた（小野寺 2021: 2 節も参照されたい）。

主観的意味機能とは、人ひとりが、必ず持っている「自分自身の見方・アングル・立場」といったもので、人は主観性（subjectivity）を持っているとも言える（図 2 参照のこと）。

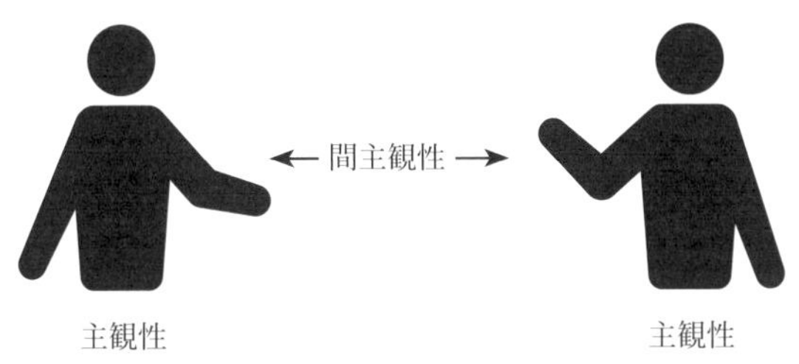

図 2　主観性・間主観性

いかなる語も、その語の歴史の始まりから使い始められ、人のコミュニケーションの中で使われ続けることによって、いつしか話し手の主観的意味・態度・アングルなどを表す意味を習得するようになるというプロセスは、極めて興味深い現象である。たとえば、もともと、「理由」という客観的意味を持つ内容語・名詞「わけ（訳）」が、次第に人のコミュニケーションの中で用いられ続け、時を経て、「昨日、渋谷に行ったわけ」と文末で、話し手の「自分の発話には理由・理屈がある」という主観的意味を付加するようになるといったケースである。名詞「わけ」が意味変化を起こし、主観化した例である（Suzuki 1998）。

一方、間主観化は、語の意味が、次第に、コミュニケーションの相手（聞き手・読み手）中心になる意味変遷である。人の主観性と主観性の間（あいだ）の問題は、間主観性（intersubjectivity）と呼ばれ（図2を参照されたい）、具体的には、相手への配慮・気遣い・ていねいさ・非ていねいさなどが表される。

たとえば、日本語の文末表現「ございます」は、歴史を紐解けば、そもそも「御座＋ある」という尊敬語の形から、今の丁寧語（対者敬語）「ございます」に変化したケースと考えられている（金水2005）。「（ある人物の）御座＋ある」という客観的意味から、過程を経て、話し手の間主観的「相手への配慮表現」（対者敬語）へと発達した例であり（金水2005: 19）、間主観化と考えられる（Onodera and Suzuki 2007も参照）。

上の定義（Traugott 2003）において、間主観化は主観化から起きたとされているが、次の事も同様に言われている。間主観的意味とは、必ず主観的意味を含むというものである。つまり、だれかに間主観的な対人的配慮をしようと敬語を使ったとする。その敬語の意味は、間主観的だが、それを使おうと判断したのは話し手の主観的態度だということになる。このことが、全ての間主観的意味は主観的であると言われる所以である。

3.　英日語のDMsの拡大する文法化

3.1　英語besidesの拡大する文法化

DMsの文法化については、Traugott（1982, 1995, 2003他）とBrinton（1996, 2017）がその理論構築も含め、多くの研究を行ってきた。Brintonの研究においては、古英語のDM（例 hwœt）・中英語のDM（例 whilom）について、また、挿入句（parentheticals）・コメントクローズ（例 I think, I admit, you know）についての研究が多い。Brintonの研究アプローチについては、主要なアプローチの1つとして3章の3節で取り上げたので、再び、Traugott（1995）からDMの文法化分析例（besides）をあげる。

Traugottは改めて言うまでもなく、文法化理論の構築を1982年の論文から推進し、文法化とそれに伴う意味変遷の傾向などの研究を行ってきたが、自身は（2008年くらい以降、）文法化から構文化（constructionalization）というメカニズムで言語現象を説明するという立場に移行した（Traugott and Trousdale 2013, Traugott 2022a, b）。それでも今なお、文法化の枠組みを使っての語用論要素の通時的研究は後を絶たない[8]。

Besides は場所を表す句（by side of）を源とし、文法化によって前置詞・副詞に派生した表現である（Traugott 1995: 10）。初期中英語において、前置詞・副詞両方とも beside/besides という形式で現れていた。語末の -es は、属格副詞（genitive adverbial）の接辞である（例　twice < twi-es）。Besides はのちに作用域を広げ、文副詞（Stage II）として出現するようになる。延長を表す節内副詞（Stage I 節内副詞の例　I know Bill **well**. の well）として使用が開始された以降は、in deed や in fact と同じような発達プロセスをたどる。

Stage 0：語彙的名詞

（10）& þonne licge on ða swiðran sidan gode hwile
　　& then lie on the right side good while
　　'and then lie on your right side for a good while'
　　（850-950 Lacnunga Magic&Med., p.120 [Helsinki Corpus]）

場所を表す副詞的意味（at the side, near; そばに）の初期の例は以下である。

（11）a. His pic he heold bi-siden
　　　'He held his staff at his side'　（1225 Lay. Brut 30784 [MED]）
　　b. þe barons astunte wiþ oute toun biside & vaire sende in to
　　　þe toun to þe king hor sonde
　　　'the barons stood outside the town nearby and duly sent in to the town to the king their messenger'
　　　（c. 1300 Robert of Gloucester, p.748 [Helsinki Corpus]）

中英語辞書（Middle English Dictionary）によれば、副詞も前置詞も、時に「場所を表すコンテクスト」ではないところで、延長（extension）や付加（addition）

の意味で登場していた。たとえば(12)の例である。

（12）a. Heo letten forð bi-siden an oþer folc riden, ten þusend kempen
'They sent another army forth in addition, 10,000 warriors'
（1225 Lay Brut 5498 [MED]）

しかし、延長・付加の意味は 15 世紀半ばまで、ヘルシンキコーパスの中英語の箇所には登場せず、したとしても、大変まれであった。このコーパスに登場する最初の例は、前置詞のものである。（12）b では色の意味について議論されている。

（12）b. alle maner off colourys representyng; but in specyal a fatyd blw, and a fatyd blak, that in specyal this cerkyl（'circle'）stondyth by; and be-syde thise ther be in that cerkyl pale spottys, or yewlu…
'representing all kinds of colors; but especially a faded blue, and a faded black, by which in particular this circle signifies; and in addition to this there are in that circle spots that are pale, or yellow …'
（before 1450 Metham, p.127 [Helsinki Corpus]）

Stage I：延長の副詞用法

初期近代英語の冒頭で、延長・付加の意味がまばらだった状態が一変し、beside(s) は場所と共に延長を表す副詞として用いられるようになる。

（13）a. In whiche albeit thei ment as muche honor to hys grace as wealthe to al the realm beside, yet were they not sure howe hys grace woulde take it, whom they would in no wyse offende.
（1514-18 More, History of Richard III, p.78）

この自然界の延長の副詞は、時々、談話世界のメタテキスト的延長をほのめかすコンテクストで用いられる。その場合、延長は、周辺的(ささいな)、「わき」を含意する。この意味は、もとの場所の意味から来ていると考えられる。わきにある(at the side)ということは、中央(at the center)にはないということだからである。(13)bの例では、besideはchiefly(主に)と対照的に用いられており、「追加的、ささいな」ものと解釈される描写をしている。

(13) b. The toune of Chester is chiefly one streate of very meane building yn lenght: ther is beside a smaul streat or 2. about the chirch; that is collegiatid, and hath a dene and prebendaries, but it is of a very meane building (1535-43 Leland, Itinerary I p.74 [Helsinki Corpus])

Stage II：文副詞

(13)bで描いた、指示物(referent)のリストの延長を示す節内副詞こそが、文副詞(文頭の副詞)の源であろう。この文副詞は、追加的なもの・周辺的なものをあげて、命題的内容を延長する。

(14) *Bailiff* … when the end is knowen, all wil turne to a iape ['trick, deceit'], Tolde he not you that besides she stole your Cocke that tyde?
Gammer. No master no indeed, for then he shuld haue lyed, My cocke is I thanke Christ, safe and wel a fine.
(1552-63 Gammer Gurton, p.61 [Helsinki Corpus])

この例文においては、Bailiffがセリフの最後で「その上、彼女はあなたの雄鶏を盗んだのですか？」という追加的・周辺的なことを言って、主張を引き延ばした。

Stage III：DM

16世紀半ばに、besidesのDM用法が初めて出現する。(15)では、反逆罪の公判の被告 Throckmorton が話し手であるが、なぜ起訴理由が間違っているかを述べている。1つの議論は、Throckmorton が Wyat によるロンドン塔襲撃という提案を断ったというものである。Throckmorton はもう一人の被告 Winter に述べた理由(these words)を引用している。Besides の後、もう1つの議論をしている。それは、義妹の父親に反して襲撃など企てないというものだ。ここで、besides は議論を列挙する文副詞として使われており、さらには、談話の目的(もう1つの議論を始めることを知らせる)に注意を向けるよう、DM としての besides はメタテクスト的な情報を標示(mark)していると分析されている。Traugott(1995: 12)は、(15)は「やや長い例だが、延長の文副詞から DM へという移行がよくわかる例」として挙げている。Traugott が考えるコンテクストは、社会言語学や談話分析のそれよりも、言語的コンテクストに近いのだが、談話分析で(15)のような話しことば(的なテキスト)を見る場合、まさに分析対象の前後の談話が重要なコンテクストであり、そこから読み取れるものがいかに大きいかが示されていると思う。

(15) what maner of reasoning or proofe is this, Wyat woulde haue taken the Tower, ergo Throckmorton is a Traitor? … And because you shall the better understand that I did always not allow these Master Wyat's Deuises, I had these Words to Winter … Moreouer, to accompte the taking of the Tower is uery dangerous by the Law. These were my Wordes to Winter. And besides, it is very unlike, that I of all Men woulde confederate in such a matter against the Lieutenant of the Tower, whose Daughter my Brother hath married.

(before 1554 Trial Throckmorton I, 66.C1[Helsinki Corpus])

「補足・つけたし・あとで考えたこと」(afterthought)で談話を引き延ばすという語用論的機能は、時に、前置詞句 besides all this で置き換えられたが、すぐに beside(s) のほうが優勢となり、続けて使用されていった。(16)a、b が例である。

（16）a. Alas quoth mistresse Winchcombe, hauing neuer beene vsed to such attyre, I shall not know where I am, nor how to behaue my selfe in it: and beside, my complexion is so blacke, that I shall carry but an ill fauoured countenance vnder a hood

（1619 Deloney, jack of Newbery, p.70 [Helsinki Corpus]）

b. The whooping cough seems to be a providential arrangement to force you to come, as the expense will be little greater than going anywhere else; besides if you put a trusty female at Ravenscroft we save the Williamses' wages as long as they are away

（1872 Amberley Ltrs, p.513 [CLME]）

以上、DM に発達した besides の形式および意味変遷の模様を、拡大する文法化で分析した例を見た。発達を要約すると、次のようになる。

語彙的内容語（名詞）side ＞節内副詞（場所および延長を表す）＞文副詞（延長を表す）＞ DM（延長を表し、次なるポイントに注意を向けさせる）

名詞から節内副詞までは、標準的文法化と変わらない。形態統語的変化を起こしている。そのあと、文副詞として文頭に出て、作用域を広げる。そして、更なる明確な談話上の信号としての機能を発揮するようになる。

場所（そば・横）という具体的意味から、延長（そのうえ、さらに）という、より一般的抽象的意味に変化している。このように、やはり、発達における早い時期には、標準的文法化の性質を示し、その後、文頭に出て、作用域の増大、そして、依存性の縮小が起きる。つまり、beside(s) は自立語として自由なマーカーとして振る舞えるようになる。このように、beside(s) の分析を通して、DM の発達プロセスはまとめられるかと思う。

3.2　日本語「だけど」の拡大する文法化

Heine et al. (2021)（*The Rise of Discourse Markers*, Cambridge University Press）は、まさに難問にも見えると言われるDMsの起こり（Heine et al. 2021: 裏表紙）について取り上げている書だが、その中で英仏日韓の4言語のDMsについて先行研究から例証をあげている。

日本語のDMsとしては、「だけど・でも・道理で・が・事実・な・さて・わけ」の8表現の発達が概観されている。この中では、文頭(発話頭/節頭)で話し手が使って、聞き手に信号を送るDMと見なされる「だけど・でも・道理で・が・事実・な・さて」が、拡大する文法化を示すと考えられる。そして、発話末（文末/節末）でDMとして用いられる「わけ」が、伝統的な縮小する文法化を起こしている。ちょうど、日本語のDMsの中から「拡大する」「縮小する」文法化例を見るため、「だけど」「わけ」の発達の様子を振り返ってみよう。

3.2.1　節末「V＋けど」

日本語の文の節末で、逆接を示す「V＋けど」（動詞終止形＋接続助詞「けど」）は、18世紀（江戸時代）の歌舞伎狂言・浄瑠璃・江戸小咄などでよく用いられており、19世紀初頭（1809）の 浮世風呂でも見られる。現在までよく用いられている逆接の、ややカジュアルな語り口調の表現である。

発話頭のDM「だけど」の成立過程には2説あるが、最近の青木（2019）では、抄物[9]（話しことば資料）の観察から、「じゃほどに・じゃが・なれども・なれば」などの、コピュラd（じゃ、な）が語頭にある接続表現が、節末（文中）接続表現から発話頭の接続詞へ発達した過程が考えられるという考察が発表されている。もう1説は、「それだけど」の指示詞「それ」が落ちて「だけど」になったという説である。

ここでは、まず節末の接続装置「V＋けど」が用いられていたが、次第に発話（文）頭の「だけど」が登場したという仮説に則り、観察を試みる。(17)は江戸時代の歌舞伎狂言、三拾石艠始（さんじっこくよふねのはじまり）からの抜粋である。作者、並木正三（なみきしょうざ/しょうぞう）は大阪出身であるので、上方日本語で語られたセリフと思われる。

(17) 三拾石艠始(1758)(並木正三 作)
　a. ちつとお目(め)には入(い)りますまいけど,
　b. すはといはゞどなたでも,
　c. 何奴(どいつ)でも切(き)りかねぬ業物(わざもの)でござります.

よく切れる刀について語っている場面で、a 入りますまい(「入る」の丁寧表現＋モーダル助動詞「まい」)＋逆接の接続助詞「けど」で、「(目には)入らないだろうが」の意となっている。「(人々の)目には入らないだろうが、しかし、誰でも切ってしまうような業物の刀だ」という発話は、「けど」が導く従属節のあと、主節が来るという形である。文中(節末)の「V ＋けど」として多く用いられている。

「V ＋けど」の指示機能は、a「人々の目には入りにくい」対 b-c「優れた刀だ」という 2 つの命題の間の対照を示している。また、従属節と主節をつなぐという、文中レベルの(intra-sentential)接続機能を持っている。

3.2.2　発話頭「だけど」

Onodera (2004) で調べたところ、室町・江戸・明治時代の文学作品には出てこなかったが、大正時代の小説(腕くらべ・友情・暗夜行路)の口語部分に初めて、発話頭(文頭)「だけど」が登場したと思われる。(18)が例である。

(18) 暗夜行路(1922)(志賀直哉 作)
　謙作：a. お兄さんに連れてきて貰(もら)うさ.
　妙子：b. ええ，そのつもり.
　　　　c. だけど，何時(いつ)なの？
　　　　d. 学校がお休みでないと駄目(だめ)なのよ.

謙作の a の質問に対し、b で、妙子は肯定の回答をしている。トピックで見れば、a–b は同一の（サブ）トピックで話している。ところが、妙子は、その後、c 冒頭で「だけど」と発し、新たな質問「（結婚式は）いつ？」と聞いている。指示機能（referential/ideational function）を考えると、a–b「（結婚式に）お兄さんに連れてきてもらう話」対 c–d「結婚式はいつか？」という指示的対照がみられる。また、話し手の「だけど」（c）は、「（サブ）トピックを変えよう」とする行為の標示もしており、これは、あるトピックから異なるトピックへ移るという、対照を示す行為である。発話頭の DM は、どの DM であっても、コミュニケーションの相手に直接働きかけたり、信号を送るものであるので、表出機能も多く見られる。ここでも、信号を送るという意味では、間主観的な表出機能が少し見られている。

（17）では、文中の接続装置として、2 つの節を結ぶ接続機能が見られた。（18）では、文頭に出現したため、文と文または先行の談話と後続の談話を結ぶという、より作用域の大きな接続機能を持っている。文間の接続機能（inter-sentential textual function）である。

「V ＋けど」から「だけど」への発達を、（19）にまとめてみた。指示機能はそのまま、接続機能は、より大きな射程の作用域に及ぶようになるため、強化した（⁺）とも考えられる。また、他の例を見ても、表出機能も、文頭という目立つ場所で、例によっては、より相手に働きかける間主観的意味を表すようになっている。

（19）「V ＋けど」から「だけど」への機能発達

V ＋けど		**だけど**
指示		指示
接続（文レベル：節＋節）	>	接続⁺（談話レベル：文＋文）
		（表出）

4.　日本語の DM の伝統的縮小する文法化

4.1　日本語「わけ」の縮小する文法化

一方、「わけ」は、3.2 で見た「V ＋けど」から「だけど」へと拡大する文法化とは異なる発達の仕方を示す。DM「わけ」は、「だけど」「だから」などの発話頭で用いられる DM とは異なり、発話末（文末）で用いられる DM だと考えられる（例　昨日、私は渋谷へ行ったわけ）。英語などのヨーロッパ言語とちがい、日本語や韓国語などの後置詞言語・膠着言語には、さまざまな終助詞で話者の（間）主観的態度・立場を表すストラテジーが見られるが、「わけ」も終助詞化（sentence-final particle-ize）し、DM としての用法を獲得した例である。そのため、日本語では、発話頭・発話末両方の DM を日本語の DM として扱う（Onodera 2023a, b でも同様の扱いとした）。

「わけ」の発達は、Suzuki（1998）に詳細かつ明快な研究が見られる。形式名詞「わけ（訳）」は、もともと語彙的名詞・内容語として「理由」という意味を持つ。「学校を休んだ訳を言う」などと、今も幅広く用いられている。その「わけ」のその後の語用論的発達を Suzuki は 5 段階に分け、例証している。(20) が「わけ」の名詞から DM への発達の要約である。なお、Suzuki は DM ではなく、語用論的詞（pragmatic particle）という表現を用いている。語用論的詞は最終的には発話末で用いられる終助詞に近い要素に発展している。

(20)　「わけ」の発達　　　　　　　　　　（Suzuki 1998: 80 原文英語より。筆者訳）

		（段階 1, 2）	（段階 3, 4）		（段階 5）
名詞	→	語用論的詞		→	語用論的詞
形式名詞		節＋節＋「わけ」			？＋節＋「わけ」
		前節との明確な論理的関係			前節との関係が不明確だが、[話者の誘導する論理的関係]
「理由」		「推論」			「強制された推論」

名詞「わけ」は、開いた類（open class; 荒木（編）1999）の名詞として、自由に振る舞い、出現の場所もさまざまである。時間を経て、機能語としての形式名詞に発達すると、結果節を導く要素となる。(21) が例である。段階 1 の例 (21)は、1832 年の人情本『春色梅児誉美』(為永春水による)からである。

(21)　あの通りの気性の父さんだ a から
　　　みかけて頼んだ b わけだもの

この段階では、理由を表す a 節と、結果を表す b 節が接続しており、明確な「理由―結果」という論理関係を示している。ところが、時間を経て、語用論的強化（pragmatic strengthening）が進むと、「わけ」が、もともとは前節で示されるべき理由が不明確にもかかわらず、軽いタッチ（very light use; Suzuki 1998: 76）で用いられる用法(22)が登場するという。段階 5 の例である。

(22) M は聞き手に、どのようにして彼女に会ったかを伝える。

(Suzuki 1998: 76 より)

M：一度僕の家に遊びに来たことがあってね,
　　僕は彼女のことを気に入ってしまったわけ .

この段階 5 では、(21) のように、a 節 –b 節という明確な因果関係を示す節がないにもかかわらず、「わけ」が用いられている。原因を表す a 節が見当たらず、あいまいである。このように、明確な条件や理由が明らかにされないままに、あたかも話者が「理由・論理」があったかのように用い、聞き手に推論をもちかけている（誘導推論; invited inference）。聞き手に、理由があったように誘導しているケースである。こうした話し手の主観的ストラテジー「わけ」の用法は、今の日本語会話でもよく見かけられる。

このように、もともと「わけ」は、名詞として文のどの位置にも出現する自由な要素であったが、終助詞化にともない、右の周辺部（right periphery; RP. Beeching and Detges (eds.) 2014, 小野寺（編）2017 参照）の位置に現れる要素となった。この時、「わけ」の機能の作用域は、幅広いところから文末という狭い範囲へと「縮小」した。また、(22)の現代語の例では、終助詞化した「わけ」は「しまった」(活用語終止形)に後接しているが、文末で終助詞「わけ」のみでは成立せず、その意味から、他要素への依存度は増したと考えられる。この点からも、伝統的文法化の基準を満たす。また、名詞から終助詞への変化は、明らかな形態統語的変化であり、(伝統的)文法化のケースである。この場合は、縮小する文法化である。

以上、「だけど」と「わけ」のように、日本語のDMには「だけど」「だから」のように発話頭に出現するものと、「わけ」「もの」(Fujii 2000)「こと」(小野寺 2017)「次第」のような形式名詞の終助詞化した要素のように、発話末に登場するものとがある。両者は文法化メカニズムによって発達してきたが、前者は文頭に出るため、作用域が拡大する文法化である。一方、後者は文末に出現するようになるもので、作用域が縮小するため、縮小する文法化と呼ばれる。

5.　構文化

5.1　構文化と構文変化

DMs(PMs)の発達の解明は、2010年代まで主に文法化(grammaticalization)の枠組みで行われていたが、その後、構文化(constructionalization)の枠組みが新たに提案された(Traugott and Trousdale 2013)。Traugott(2014)は、特にGoldberg(1995, 2006)やCroft(2001)による構文文法のモデルをもとに、構文の通時的変異について考えてきた。

ナロック(2016: 248–249)は、主に共時的な言語研究の枠組みである構文文法論[10]を言語の通時的側面に適応すると、構文化が観察できると述べている。

小野寺(2018)でも、Traugottの2014年頃の考えをもとに、構文文法・スキーマ・構文化と構文変化についての基礎的解釈を述べたが、Traugott(2022b)では、構文化と構文変化(constructional change)の性質についても新しい提案がなされたため、本書でも筆を改めることとする。

そもそも「構文化」という用語はTraugott and Trousdale (2013) で次のように定められていた。

> 新しい形式 ($form_{new}$) —新しい意味 ($meaning_{new}$) という符号の組み合わせの生起を指す。構文は、話し手集団において生起するが、新しい統語的形態的構造・新しいコード化された意味を持ち、新しい結節点 (node) を成す。構文化は、スキーマ性 (schematicity)・生産性 (productivity)・構成性 (compositionality) における変化を伴う。
>
> (Traugott and Trousdale 2013: 22; 筆者訳)

上の形式と意味の組み合わせは、ペアリング (pairing) ともよく言われている。変化はいつも形式—意味のペアリングを作るわけではなく、構文の中の一部の内部的性質が変わる場合があり、この後者を構文変化と呼び、構文化と区別することにした (Traugott and Trousdale 同上 : 26)。構文変化は新しい結節点を作るわけではない。構文変化の例としては、BE going to V が BE gonna V に音韻的変化をしたケースがあげられる。新しい構文は、「構文の集合体」(constructicon; コンストラクティコン) に加えられるが、構文変化は加えられない。構文変化は、構文化が起きる前と後に起きる。

5.2　構文

ここで、構文化の土台となる構文文法から「構文」そのものについて確認しておきたい。Traugott (2022b) の書 *Discourse Structuring Markers in English* は、Goldberg (1995, 2006) によって概念化された構文文法モデルに触発され、書かれたとされている。DMs、特にマーカーの中でも Discourse Structuring Markers (DSMs; 談話構成標識) というカテゴリにしぼって、その発達という通時的プロセスを歴史的構文文法 (構文化) の枠組みで解明しようという、初めての書である。Traugott は 1980 年頃から文法化の理論構築をし、多くの研究を進めてきたが、その後、文法化から構文化という枠組みへと発展的に移行し、取り組んでいる。Traugott は、最近の IPrA インタビューで Kerstin Fischer から「なぜ書のタイトルが構文文法や構文化ではなかったのか？」と問われ、「変化の中で、語用論が最も重要だということを言いたかった」と答えているのが印象的であった。

その書にとって、特に関連のある、構文文法の原則は次のようなものである。

1. ［人の］文法についての知識は、動的なものであり、一生を通して変化する可能性がある。
2. 文法は構文により成り立っている。構文は［[形式] ↔ [意味]］のペアリングと図式化される。構文は、constructicon という構文的語彙目録に所蔵される。（Goldberg（2019: 35–37）はこの用語の形態をはっきりさせるため、construct-i-con と書いている。）
3. ［構文文法では］語彙と文法の構文の区別がない。語彙的構文（例　二重他動詞構文 Mary gave me a scarf）は内容的意味の極にあり、文法的構文（例　現在形、所有格）は手続き的極にある。
4. 話し手が発話を行う時、constructicon にしまわれている構文は、それらが拮抗しないならば、組み立てられる。たとえば、Why didn't you go? という発話は、下の i から iv の構文の組み合わせで概念化される。
   i.　できごとの構文（'You went'）
   ii.　目的を表す副詞の構文（'for a purpose'）
   iii.　否定の構文（'n't'）
   iv.　疑問の構文（' 主語―動詞の倒置 '）
5. 意味論・情報構造・語用論は相関しており、全てが言語機能の中で作用している。この原則が、Traugott（2022b）の根幹をなすと Traugott は述べているが、この 5. はそのまま、Schiffrin（1987）による談話モデルを想起させるものである（第 3 章 1.1 Schiffrin のアプローチにおける図 1 を参照されたい）。
6. 言語の知識とは使用基盤のものである。話し手が言語を生産し、また理解する毎回の例にもとづいている（Kemmer and Barlow 1999:

viii 参照、Bybee 2010)。　　　　　　　(Traugott 2022b: 23–24)

構文(construction)はCxnと省略される。構文文法の初期の研究(例 Goldberg 1995, 2003, 2006)で、構文はどのサイズのものもあるとされた(形態素・語・句・節・それより広い談話)。歴史的研究では、以前、節や句であったが今は語であるといったケースがあり(例 goodby < God be with you)、問題となる。したがって、語を含め、どのサイズも構文と考えることにした(Traugott 2022b: 25)。

音韻を伴う構文(例 also, by the way)はsubstantive(実詞)と呼ばれ、構文はさまざまなレベルの抽象で概念化される。実詞のミクロ構文(substantive micro-constructions)は、発話から離れてconstructsと呼ばれ、構文の語彙項目(constructicon)にしまわれている。

構文について理解するためには、構文の階層的構造をイメージしなければならないため、図3をあげておく。

また、形式—意味のペアリング　[F] ↔ [M]は以下の図4のように表される。

Croft(2005: 280)は、「構文は形式と意味のペアリングであり、そこでは形式・意味とも広く解釈される。形式には、形態・統語・音韻・韻律が含まれ、意味には、意味論・情報構造・談話機能、使用に関する社会的要因も含まれる」としている。Traugott(2022b)における分析でも、図4がテンプレー

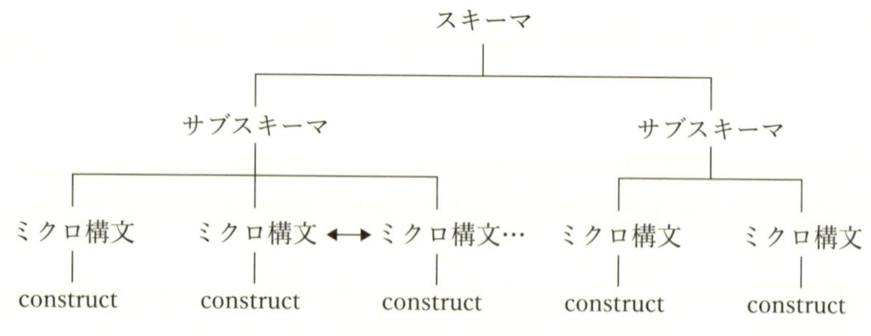

図3　構文の階層

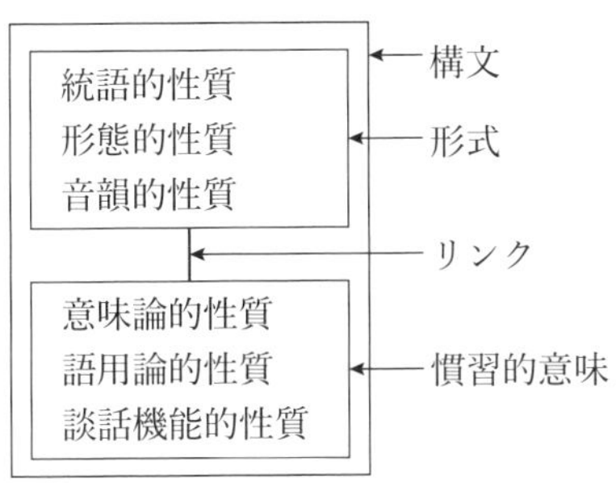

図 4　構文の構造(Croft 2001: 18)

ト(ひな形)となる。

上の構文化の定義(5.1)において「構文化は、スキーマ性(schematicity)・生産性(productivity)・構成性(compositionality)における変化を伴う(Traugott and Trousdale 2013: 22; 筆者訳)」とあった。次に、構文を理解するために、構成性・分析性・スキーマ性・コード化された意味について、順に取り上げる。

「構成性」(compositionality)とは、construct(発話から離れた抽象レベルの構文)の意味が、どの程度その構成から理解できるかという度合いを指す。時間の経過により、イディオム化・比喩化(metaphorization)などにより構成性は減少することがある。すると、コンストラクトを作っている内部の部分は何であるのかわかりにくくなり、分析性も下がる。たとえば went は構成的には go ＋過去であるが、「分析的」ではない(見ただけで分析できない)。

非構成的で、分析的である例は、フランス語の現在完了が過去を示す例である。Pierre a visité Manchester において、迂言的現在完了形 a visité は過去形を示している。このとき a visité は分析的であるが、構成的ではない。現在完了の意味は過去ではないからである(Traugott 2022b: 48)。

次にスキーマ性は、文法化関連では一般化(generalization)の度合いを指していたが、構文理論においては、どのくらいの要素をその中に含めることができるか、という使用可能性(availability)のことである。たとえば談話構成標識(discourse structuring markers)(Traugott 2022b)は接続表現スキーマであり、[談話部分1_談話部分2]([D1_D2])という形を持っている。この形は、詳述・対照などのD1-D2間の関係を標示する接続表現構文で満たされる。

スキーマは、範列的(paradigmatic)・統合的(syntagmatic)次元で観察される。範列的には、何個のどのようなミクロ構文が、そのスキーマで使用(出現)可能かということである。たとえば、今日の英語の未来を表す表現は、4つ(will V, shall V, BE to V, BE going to V)か5つ(ll Vを加えて)である。統合的には、より多くの語彙項目がそのスキーマに合致する時、スキーマ性が高いという。

5.1で示したように、Traugott and Trousdale (2013: 22)で定義された構文化には、新しいコード化された意味を持つ結節点(node)を成す、とあった。Traugott (2022b)ではこれを次のように改める。コード化された意味とは、しばしば真理条件的・文字通りの意味論的意味(Sperber and Wilson 1995)と解釈される。本書やTraugott (2022b)で扱うDMsの意味は、非真理条件的・語用論的意味の慣習化されたものであるので、構文化の性質(Traugott and Trousdale 2013: 22)を改めなければならない。談話標識や言語行為動詞(speech act verbs)の遂行的使用(performative use)などの場合、コード化された意味とは限定的過ぎる。人々によって再現され、共有された意味変化を含める、慣習化された意味(conventionalized meaning)と言わなければならない。

このコード化された意味の振り返りのあと、Traugott (2022b: 49–50)では、TrousdaleとTraugottによって、構文化の性質についての新しい提案がなされる。

> 構文化は、形式と、言語使用者のネットワークにおいて[何度も]再現された意味の新しい連結が確立することである。これは、constructiconに新たに書き込まれる。 (Traugott 2022b: 49; 筆者訳)

確立とは、即時的な(急な)変化ではなく、社会の成員の間で漸進的な普及をしていく変化の結果である。

5.3　構文化の前後に起きる構文変化

5.1 の最後に、構文化の成果である新しい構文は、「構文の集合体（constructicon; コンストラクティコン）に加えられるが、構文変化は加えられない。構文変化は、構文化が起きる前と後に起きる。」と述べた。ここでは、談話構成標識（discourse structuring markers; DSMs）の発達が示すという、構文化の前と後に起きる構文変化について見ておこう。

DSMs の構文化の前に起きる構文変化には次のようなものがあり、これらは傾向である。DSMs は大体、状況の副詞（Circumstance Adverbial）から発達する。実際の分析例で、以下のようなものが見られると Traugott は述べている。

1. チャンキング[11]と構文 A における構成性（compositionality）の消失
2. 構文 A における分析性（analyzability）の消失
3. 新しく出現する構文に、ゆるやかに関係する意味的内容や統語的コンテクストの再現に関わる調整　　　　（Traugott 2022b: 50–51）

DSMs の構文化の後に起きる構文変化には次のようなものがあり、これらは傾向である。実際の DSMs の分析で、全てのこうした変化を見ることができる。

1. コロケーションの拡大。BE going to（未来）であれば、動詞や主語の制限の緩和や、接続表現であれば、後続の節へ作用域が拡大するなど。これはタイプ頻度の上昇である。
2. 使用頻度の上昇または減少。これはトークン頻度の変化である。
3. ミクロ構文の一般化や、他のミクロ構文への加入は、より抽象的なスキーマ的な結節点への統合になる。たとえば既にある DSMs に after all、by the way が加わることなどが例である。
4. 使用の減少・構文を習得しそこなうこと・新メンバーをスキーマへ加えそこなうことは、すたれること（使われなくなること）につながる。

5. 形態音韻的縮小(morphophonological reduction)。これは文法化でよく議論されるものだが、古英語の eal swa 'exactly like this' > also になる変化が例。この場合、構成性・分析性の双方が消失する。

(Traugott 2022b: 51)

上のような構文変化の見方から、Traugott (2022b: 51) は構文変化の性質を下のように規定する。

> 構文化の前と後で起きる、コンテクスト的使用の調整。構文変化は、構文の集合体(constructicon; コンストラクティコン)には加えられない。

構文変化には、BE going to V が音韻的に gonna になるような、言語の内部性質に及ぶ変化も入る。構文化前後のコンテクストの変化も、構文変化であると Traugott (2022b: 51) は述べている。

5.4 変化の漸進性(gradualness):変化は徐々に起きるのか?

DMs の発達や意味の成立などの言語変化に関して、その変化が「徐々に起きる」(gradual) ものなのか、「急に起きる」ものなのかという、変化の勾配 / 傾斜度 (gradience) について議論になることがある。このセクションではそうした変化の性質について、考えてみよう。DMs/DSMs の発達が何という変化 (構文化・文法化など) にあたるのか (第 6 章) という問題点とも少し関連する。

伝統的生成文法の見方では「文法が変化する」(Kiparsky 1968) という考えもあったようだが、Traugott (2022b: 34) は「使用 (usage) が変化する」と考えていると述べている。主に筆者も、この機能主義 (functionalist)・使用基盤の観点 (usage-based perspective) と呼応しており、変化の漸進性についての考えを述べる。

そもそも使用基盤の考え方 (Goldberg、Fischer など) は、言語を取り巻くコンテクストを重視する社会言語学・語用論のそれと親和性が高く、また、最近の構文文法論における「従来の書きことばだけでなく、話しことばの研究にこそ注意が注がれるべきだ」(Hilpert 2021)という考えにも共鳴する。

上の「文法でなく、使用が変化する」点だが、そもそも DMs はじめ言語形式の変化において、生来的な文法が作用する部分は少なく、変化は、(人々の)言語運営過程・解釈から生まれると考える(Traugott 2022b: 34)。Traugott (2022b)の書の立場も、人の言語知識とは使用基盤であり、「話し手が言語を生産し、また理解する毎回の例」に根ざす(Kemmer and Barlow 1999: viii 参照)と考えている。Traugott (や Brinton)は、基本的にコーパスから言語使用を見ている立場なので、「コーパスで見つけられる実際の言語使用という証拠」に基づくとも明確に書かれている。結果として、コーパスなど言語資料の例に見られる言語的コンテクスト(linguistic context)が重要視されているという偏りは否めないだろう。社会言語学・談話分析・会話分析などは、もう少し厳密に(より詳しく)、実際の言語使用の場面・コンテクストを見ていると言えよう。その場合のコンテクストは、言語的コンテクストのみならず、言語使用の中にある、あらゆる社会的要因(民族差・性差・世代差・親疎関係など)や外的コンテクスト(非言語伝達など含む)も含まれる。厳密な意味での即時的話しことばの収集・文字化を行い、少なくとも現代語(今日の言語 Present Day Language)については、前後のコンテクストを射程に入れて、1つ1つの言語形式の意味(situated meanings)を分析している。もちろん、言語形式の発達などの歴史を観察したい場合、過去のことばについては「話しことばの書かれた記録」(Rissanen 1986)、つまり、二次的話しことばにはなるが、なるべく当時その場の話しことばが見られるようなデータを選び、歴史語用論として研究がなされてきた[12]。

Traugott (2022b: 35)は、「言語が変化する」というのは便利な省略形であるが、正しくは「言語使用者は、時を経て、構文のあらゆる側面について、自分たちの仲間・先祖とは異なる解釈をするようになる」と言うべきであるとしている。つまり、言語変化の主役はあくまでそれを使う人であると述べられている。

Traugott の新書（2022b）では、ことばの刷新 / 新しい活用法（innovation）と変化（change）についても取り上げられている。ことばの一新された使用法と、変化とは、どのような関係にあるだろうか。ほとんどの機能主義者にとって、ことばの刷新は変化とは異なる。「変化とは、慣習化した使用法が人々に共有され、発達した場合を指す」（同上 : 36 参照）。標準英語の形成などに詳しい社会言語学者 Milroy and Milroy の意見は次のようである。

1. 一人の話し手の言語使用の刷新は、その話し手を超えて普及（拡散）しないかもしれない。
2. 一人の話し手の刷新は、その話し手が接触する（contact）ことば共同体（community）に普及していくかもしれないが、それ以上には拡散しないかもしれない。
3. 一人の話し手の刷新は、その話し手が接触する（contact）ことば共同体（community）に普及し、そこから続いて他の共同体に普及するかもしれない。この 3 番目のプロセスが認められたとき、「言語が変化した」（linguistic change）と呼べる。（Milroy and Milroy 1985: 347）

この考え方は、個人的特異性（idiosyncrasy）とも関わる点であろう。

結論として、（意味変遷などの）変化とは、ことばの使用法の刷新 / 一新ではなく、社会の成員たちが、社会の中で時間をかけて共有していく、漸進的な慣習化（conventionalization）であり、刷新が社会に普及した場合である。

5.5 変化のメカニズム

5.5.1 再分析・類推・借用（・頻度）

再分析（neoanalysis; これまでは reanalysis）・類推（analogy）・借用（borrowing）の 3 つは、よく変化のメカニズムと言われる（Traugott 2022b: 38）。そこに、Bybee（2003）が言うように、文法化を起こす主要なメカニズムとして頻度（frequency）が加えられるだろう。また、意味変遷に関わるメカニズム的なものとして、Traugott は推論（誘導推論など）（inferencing）と（間）

主観化があると述べる。しかし、特に(間)主観化については、歴史的構文文法の説明の中でどのように考えたらよいかについては、まだ議論の余地もあると述べている(Traugott 同上 : 38 と裏表紙にも)。

再分析は、歴史言語学において基本的概念である。これまで reanalysis と言う用語がよく用いられていたが、子供や第二言語学習者は、「再」分析するような内なる言語を持ち合わせていない訳であるから、用語として問題がある。代わりに neoanalysis (Andersen 2001: 231 他) がより好ましく、中立的なため、こちらを採用する (Traugott 同上 : 38)。再分析では、「表現 X は表現 Y とどのように異なるか？」を問う。この問いは主に形式についてなされる。典型例は下の 2 つである。

(23) a. [[be going] [to V]] > [[be going to] [V]]
　　 b. [[in] [deed]] > [indeed]

補足すれば、a では、変化前と後で同形式に見えるが、後の形式を再分析することとなる。前は、go は移動を表す一般動詞で、「目的を表す to 不定詞による副詞句」が後続している。あとの形式は、発達後であり、be going to が機能語としての助動詞となった形で、最終的には静的な動詞 like、be なども [V] として用いられるようになるという分析ができる。

b は、前置詞句であった in ＋名詞 deed (行為) が、発達後、副詞 indeed という一語に再分析される例である。

一方、類推は「表現 X と Y はどのように似ているか」という問いを、意味と形式の両面 (Traugott 2022b: 38 でも、この文面の後に？がついている。両面？) で聞くものである。類推については、21 世紀初頭に劇的な考えの変換があり、Bybee (2003) は「頻度と反復 (repetition) が文法化の主要な要素だ」としたのに加え、「言語形式の、音韻的・意味的双方のつながりや連携も含めて」[文法化の主な要素だと] 述べた。また、さらに類推について示唆的な提言を Fischer (2007, 2011) が行っている。それは、類推とは「言語運用・言語変化のみならず、言語とは別のところの学習プロセスにも関わる、深く根差した認知的原理」だというものである。Fischer は、may、might、must のような助動詞の発達は、語順変化と、屈折を失った助動詞の次のようなものへの類推化が原因だとしている。それは、definitely、actually のような強調詞(emphasizers)、また、completely、quite のような増幅詞(amplifiers)や hardly、almost のような緩和詞(downtoners; 強調の度合いが低いことを示す(荒木編 1999 参照))で、これらの副詞は、初期近代英語期に主動詞の前で用いられるようになった。

Traugott(同上 : 38)によれば、類推の基本例は、過去の英語におけるさまざまな複数マーカーと s(古英語におけるいくつかの名詞の複数形)との一致に見られる。次の例である。

(24) *hund* 'dog' *hundas* 'dog-PL'
boc 'book' *bec* 'book-PL' (*foot-feet* 参照) ＞ *books*
dohtor 'daughter' *dohtor* 'daughter-PL' (*sheep-sheep* 参照) ＞ *daughters*

また Traugott からも上の Fischer に加えて、類推についての示唆的な提言が行われている。a と b の区別が重要だとして、

a 類推的思考(analogical thinking): 言語使用者は常にこれを行っている。Antilla (2003: 438) によれば「人間とは、単に類推をする動物である」(筆者訳)。このことが変化を可能にし、つまり、変化の動機づけとなる。

b 類推化(analogization) : 要素 E の修正。類推化という、思考の結果である (Traugott and Trousdale 2013: 37–38)。こちらは [a とちがって] 変化のメカニズムであり、構文的成分の新しい用法を作り出す。

類推は、言語変化から離れて、人が一般に行う思考を指し、類推化となると、言語変化をもたらすメカニズムだという、極めて重要な提言だと思われる。

3つ目のメカニズム、「借用」は、社会言語学でもよく用いられている「他言語からの借用」のことである。過去の多くの英語の文章では、特にキリスト教の説教・歴史・哲学についてラテン語・フランス語からの翻訳が多く反映されてきた。古英語期のラテン語、中英語におけるラテン語・フランス語。初期近代英語期にはギリシャ語からも借用が見られる。つまり、英語文章には、上の3言語の修辞的伝統が強く見られる。

PMsの発達に関していえば、中英語期にフランス語から借用語が大量に流入したが、return、pointは語彙の借用のほんの一例である。これは、単機能的(monofunctional) DSMsの多くの要素を占める(例　to return to my point, back to the point)。おそらくラテン語には既にあった節頭の接続表現が、英語でも既にwitodlice 'truly' のような認識の副詞が節頭に立つという強い傾向を更に推し進めた。さらには、このラテン語からの影響は、認識の副詞だけでなく、接続副詞表現への拡張を促したと考えられる。このPMsの発達への借用の影響に関しては、さらなる探究が必要とTraugott (2022b)には書かれているが、極めて示唆的な重要な記述であろう。

3つのメカニズムに付け加える形で指摘されたのは、頻度(frequency)であった。Bybee (2003)は、頻度が文法化が起きるのに貢献すると述べている。ただ、頻度が変化のメカニズムなのか、原因となる要素なのか、単なる結果なのか議論が必要だとTraugott (2022b)は述べている。明らかに、文法化の分析の際、要素が何回用いられているか(出現するか)は常に数え(素の分析 ; Bybeeの言うところのトークン頻度)、複数機能があった場合には、回数の差を見て、どちらかの優勢を見たり(Bybeeの言うタイプ頻度)、と頻度を数えることは常に多く用いられている。文法化について例証する時、広く用いることのできる研究方法であり、量的研究の基礎でもあろう。

上の第4章4.2、現代語のDMsの日英対照分析のセクションで、DM「てゆうか(てか)」の2016年度から2022年度までの、データ内の出現回数(頻度)を数えた。これも、頻度から、DMの普及・衰退を調べようとした1つの分析であった。

5.5.2 語用論的推論（pragmatic inferencing）

5.5.1 で変化をもたらすメカニズムとして、再分析・類推・借用（・頻度）をあげた。これらに加えて、語用論的推論も意味変化（meaning change）の動機づけとなる大きな装置であることが知られている。話しことばや書きことばにおいてなされる語用論的な推論は、意味変化に大きく貢献する。

Traugott and Dasher（2002）では、語用論的意味として生じた意味が、意味論的コード化された意味になる（意味化 ; semanticized）という誘導推論理論（Invited Inferencing Theory of Semantic Change）が提唱された。

DM や他の語用論的表現の生起の、事の始まりは、たった 1 人の話し手からもたらされた含意かもしれない。ところが、その含意が、コミュニケーション（インタラクション）上有効だったり、便利な意味だった場合、広がる可能性がある。たった 1 人からの含意を、1 人の聞き手が正しく解釈し、今度は聞き手が話し手になって、その新しい解釈で新しい DM や語用論的表現を使ってみる。インタラクション上、便利で良いストラテジーだと、次第に使用者は 10 人に増え、ことば共同体の中で使用が広がっていく。また使用頻度が上がっていく。そうして、有用な DM など新しい表現が、社会（ことば共同体）の中で普及していき、最終的には、その表現の核たる意味となり（意味化）、慣習化された意味が確立する。本書の随所で上記した、Traugott（2022b）による構文化の性質とも一致する。つまり、新しい構文は、言語使用者のネットワークで何度も再現され、慣習化が確立したとき、社会で新しい構文と見なされるというものである。

誘導推論については、最も明快な研究例が Suzuki（1998）によって示されている。この例は、主観化を説明する好例としても Traugott and Dasher（2002）に引用されている。また、第 5 章 4.1 日本語の DM の縮小する文法化例としても、既に引用している。そのため、この箇所では、結果をかいつまんで報告することとする。

「わけ」（訳）は、もともと名詞であり、内容語で「理由」という意味を持っていた。形式名詞としても使われ、「アルバイトに遅刻した訳を言う」などと、今も幅広く使われている。Suzuki（1998）では、その後の「わけ」の語用論的発達を 5 段階に分け、例証している。(25) が「わけ」の発達の要約である。(前掲したが、読者の便宜のために再掲する。)

(25)「わけ」の発達　　　　(Suzuki 1998: 80 原文英語より。筆者訳)

		(段階 1, 2)	(段階 3, 4)		(段階 5)
名詞	→	語用論的詞		→	語用論的詞
形式名詞		節＋節＋「わけ」			？＋節＋「わけ」
		前節との明確な論理的関係			前節との関係が不明確だが、[話者の誘導する論理的関係]
「理由」		「推論」			「強制された推論」

そもそも名詞として、自由な振る舞いをしていた要素「わけ」が、次第に終助詞化し、文末で用いられる DM となる発達である。

段階 1 の例(26)は、1832 年の人情本『春色梅児誉美』(為永春水による)からである。(この例も前掲したが、ここで再掲する。)

(26) あの通りの気性の父さんだから
　　みかけて頼んだわけだもの

ここでは、理由・結果をあらわす 2 つの節(「から」節と「わけ」節)をつなぎ、結果節を導く「わけ」が見られる。ところが、時間が経ち、発達・拡張が進むと、「わけ」は、もともとは必ず示されていた、前節で示されるべき理由が不明確(か、ない)にもかかわらず、軽いタッチ(very light use; Suzuki 1998: 76)で用いられる用法(27)が登場するという。

(27) (1990 年会話 Gossip より)
　　……………
　　S: …そうね.

T さんはなんか,
自分としてはね,
あのつねづね立場をはっきりさせてきたっていうわけよ.

S は、この会話において、T に対する批判を受け入れたくない。「つねづね立場をはっきりさせてきた(っていう)」という「わけ」節は、統語的にも意味的にも前出の内容と関係がないが、S としては、あたかも事実に基づいた推論の結果、「わけ」節の意見を出したように振る舞っている。このように、(27)で「わけ」節は、あたかも論理的な意見であるという主観的主張をし、聞き手に「推論」(があるということを)押し付け(強制)/誘導をしている(impose; Suzuki 1998)。

このように、もともと語彙的名詞だった「わけ」は、形式名詞という機能語となり、その後、語用論的詞として、初めは理由節と結果節をつなぎ、やがて、明確な理由節がないにもかかわらず、話し手の「推論あり」という意味を聞き手に誘導する(invite)ようになる[13]。

「わけ」だけでなく、DMs 等の語用論的要素では、話し手の誘導推論によって、意味の変化を起こすものがかなりあると思われる。誘導推論は、意味変遷の強い動機付けと考えられる。

6. 英語の DMs の構文化[14]

DMs の発達を構文化の枠組みで捉えたのは Traugott (2022a, b) であり、その中で、研究射程は談話構成標識 (discourse structuring markers; DSMs) としている。本書では標識のカバータームとして DMs を多く用いているが、まず、Traugott の指す DSMs について説明する。

6.1 語用論標識(PMs)・談話構成標識(DSMs)・談話標識(DMs)

PMs、DSMs、DMs の関係を示したのが図 5 (Traugott 2022b: 5) である。

図 5　標識の階層

Traugott の研究では、この図のように語用論標識（Pragmatic Markers; PMs）が最も大きなカテゴリで、その下位に談話構成標識（Discourse Structuring Markers; DSMs）がある。これが Traugott（2022b）の書のタイトル *Discourse Structuring Markers in English* となっている。その下に、単一の機能を持つ DSMs と 2 つ以上の機能を持つ談話標識（DMs）がある。この考えのもとは、Schiffrin（1987）の標識の全体像から来ており、Schiffrin の 3 つの DMs の種類、つまり社会標識（social markers; please など）・認識の標識（epistemic markers; y'know など）・接続標識（textual markers; and, but など）も射程に入っている。DSMs に入らない PMs は談話詞（discourse particles）（Aijmer 2002）と呼ばれている。Traugott（2022b）の通時的構文アプローチによる標識研究では、図の左の翼が分析対象となる。

6.2　変化の 2 タイプ

歴史的構文文法で DSMs の発達の分析をするにあたり、発達変化の 2 タイプについて明らかにしなければならないだろう。

（1）と（2）の変化である。

（1）単機能 1DSM の発達

状況の副詞（句）	→	接続副詞	→	談話構成標識
CircAdv		Conjunct （接合詞）		DSM

（2）単機能 1DSM から多機能 DM への発達

単機能 1DSM　→ 多機能 DM

1DSM　　　　　DM

(1) のプロセスは構文化で、全ての DSM はこの変化を通って、状況の副詞から接続副詞という節頭の要素に発達する。これは、Traugott が DSMs の発達軌道仮説（DSM Trajectory Hypothesis）と呼ぶものである。(2) は構文変化（constructional shift[15]）で、(1) の DSM のいくつかは (2) の移行も経て、多機能の DM となると考えられる。

現在の英語で考えれば、単機能の 1DSMs は further、instead、moreover、in addition といったものであり、多機能の DMs は after all、by the way などである。

そもそも一般に DMs と呼ばれる表現は、多機能（複数の意味）を持っていることが多い。Traugott (2022b: 73) は「伝統的に多義（polysemy）は、形式が携える多くの意味ということなので、構文的分析には向かない」と述べている。そのため、標識の分析も、DSMs のうち DMs だけは 2 タイプの変化を経験すると考えれば、うまく分析できる。(1) の変化では、状況の副詞句が接続副詞となる発達で、表現が繰り返し節頭で使われて、接続機能（textual function）を修得し、接続副詞（conjunct）となる点が大きな変化である。節頭という場所が大変重要である (Traugott 2022b: 69–71)。節頭に出て、後続談話の重要なフレームを示すようになる。副詞類（副詞相当語句 adverbials）とは、以前は重要なものと考えられていなかったが、実は、後続の節にとって、場所・時間・様式などの肝要なフレームを授ける。

あとで after all の発達を分析で詳しく見るが、まず (1) の状況の副詞 after all は、節末で「全ての後に」という意味を持っている。それが、ほとんど 1 語化（univerbation）し、接続機能も伴って節頭に登場したとき、相手(聞き手）に話し手の見方（D1-D2 の関係）を伝える機能を持つので、間主観化したとも言える。接合詞と DSM の大きなちがいは間主観性でもはかれる。この変化は、構文化（constructionalization）である。さらに after all は発達を続け、意味機能を増やすが、この発達、つまり(2)は構文化の後に起きるもので、構文変化と呼ばれる。

6.3　英語 after all の構文化・構文変化

上で述べたように、after all が現在の多機能を持つ DM になるまでは、(1)→(2)という発達を遂げたと見られる。以下、詳しい分析を見てみよう(Traugott 2022b: 75–83)。この発達プロセスは、図6で全容がつかめるため、以下の文章と共に参照されたい。

この図6において、形式面の統語・形態・音韻は統語的・形態的・音韻的を表し、単形態は monomorpheme（一語的）を表す。意味面の意味・語用・談話は、意味論的・語用論的・談話機能的を表す。1DSM は単機能の DSM、(頭)(末)(中)はそれぞれ節頭・節末・節中を示す。コンテクスト a、b、c は、a は「他の意味の推論が出てきたという状況」、b「for、yet、モーダルが共起する状況」、c「BE 動詞の後という状況」である。これらを入れて、図を見ていただきたい。

左から長方形4つが並んでおり、過去の段階から最近へと進む。(I)(II)(III)(IV)と仮に段階の数字を入れた。III、IV の形式のブランク部分は、前の段階から変わりないことを示している。

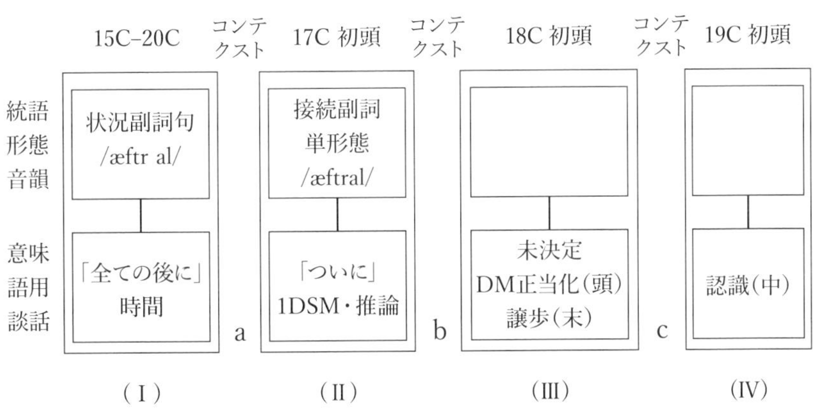

図6　DM after all の発達プロセス（Traugott 2022b: 82, Figure 4.6）

Iの最初の例は、EEBOから1480年のデータである。

(28) they were dampned to the deth as fals traitours and anone **after all** the britons of the lande by commune assent crouned vortiger.
'they were condemned to death as false traitors and soon after everything the Britons of the land by common assent crowned Vortiger.'
(1480 Caxton, *In the yere of thyncarnacion of our lord* [EEBO])

After allの歴史の始まりは、状況の時間を表す「全ての後に、しまいには」という意味を持っていた。「このすべての後に」という節中の副詞において、allは代名詞的に用いられている。(anoneは「すぐに」の意。)

ところが、推論の文脈においては、「最後には、振り返ってみると、熟考の末に」と解釈できる例が出てきたという。1620年ボッカチオのデカメロン(イタリア語)の翻訳に、より明確な「熟考の末に」の意味が見られる。

(29) he resorted to his other brethren, and told them what he had seene in the time past, betweene their sister and lorenzo: many deliberations passed on in this case; but **after all**, thus they concluded together, to let it proceede on.
(1620 Florio, The decameron [EEBO])

節中で用いられていた状況の副詞類が、(29)では、節頭で、前述部分と後続部分を「熟考の末に、そして」と接続機能をもって結んでいる。形式が接続副詞(conjunct)に、意味が「熟考の末に、しまいには」と両面で変化しており、構文化が確認された。図6の第II段階である。

「正当化する」という認識的意味(「もちろん、皆が知っているように」)は、BE動詞の後に使われた場合、文中(節中)で用いられる。第IIIからIV段階の意味であるが、(30)1820年の例を見てみよう。

(30) they have not convinced me of the incorrectness of my opinion; because

> that which is founded in truth is, **after all**, the only thing that is ‘good and nourishing’ to the understanding.　(1820 Ballou, *Series of letters* [COHA])

この BE 動詞（is）のあとの用法（結局、当然のことながら）は、今日の英語（Present Day English）の節中の典型的意味となった。

1900 年頃、典型的「正当化」の意味は節頭で見られ、節末では「譲歩」の意味で見られた。そして述部が BE であれば、節中で認識的な意味となった（Traugott 2022b: 81）。現在、2020 年 COCA のデータでは、話しことば・ブログの節頭・中・末すべてにおいて、正当化（結局は）の意味の使用が支配的になったようである（図 6 第 IV 段階参照）。

以上が、英語の DM after all の発達を、「構文化」のアプローチで説明したものである。

注

1　この 2 つのタイプの文法化については、他に Traugott（2010a, 2010b）、トラウゴット（2011）、Onodera（2011）に記述がある。

2　大堀 (2005)、ナロック（2016）が参照されている。

3　英語・日本語で DMs の意味変遷・文法化という通時的研究が始められたと言ってよいだろう（Onodera 1993, 1995, Suzuki 1998, 1999, Higashiizumi 2006, Traugott 1995, Brinton 1996）が、その後、世界の多くの言語における DMs の発達について、言語学の複数のアプローチから研究が進められている（各言語の各研究例については、第 1 章 4 節と第 2 章を参照されたい）。

4　Brinton は標識のカバータームとして語用論標識（PMs）を用いている。

5　意味変遷を引き起こすメカニズムとしては、メタフォー（metaphor）・メトニミー(metonymy) が良く取り上げられる (Traugott and Dasher 2002: 27)。

6　のちに 2000 年、*Journal of Historical Pragmatics* 創刊号において、Schwenter and Traugott は “Invoking scalarity: The development of *in fact*” という論文の中で、情報量レベルアップ（scalar）について書いている。

7　主観化・間主観化・主観性・間主観性については、Onodera and Suzuki (2007) にも詳細の説明がある。

8　ナロック（2016）でも、構文文法論の流れに移行したのは、文法化研究者の一部であると述べられている。

9　青木（2019）では、接続詞の文法化など言語変化を見るのに、「口語資料」を観察することが肝要だと述べられ、三大口語資料として抄物（しょうもの）・キリシタン資料・狂言があげられた。抄物とは、「室町時代中期から江戸時代初期にかけて、五山禅僧や博士家の学者などが、漢籍や仏典、または一部の国書を講義した際の、その草案である手控と、受講者が筆記を整理した聞書と、さらにまた、講義口調で書いた注釈とを総称して、抄物と言う」（青木 2019; 柳田征司「抄物」『国語大辞典』より）。

10　文法化と関連概念の議論の中で、ナロック（2016: 248）は、構文文法論（construction grammar）が過去 10 年において、非形式言語学の中で生成文法への一番の対抗馬に成長し、生成文法以外の文法論で現在最も流行していると書いている。

11　Traugott（2022b: 52）によれば、特に句における統語的自由度の損失。文法化では、univerbation と言っており、構文理論ではチャンキングと言っている。Univerbation は、いくつかの語から成る定型表現が新たに 1 語となるプロセス。

12　歴史語用論には、文法化を含めた通時的語用論（diachronic pragmatics）、文化社会の歴史的観察という語用論的フィロロジー（pragmaphilology）双方の研究がある。*Journal of Historical Pragmatics* に成果が多数発表されている。

　歴史語用論の分類（およびチャート）については、高田・椎名・小野寺（編）（2011）、高田・小野寺・青木（編）（2018: 7）、Jacobs and Jucker（1995）に詳しいので、参照頂きたい。

13　この意味機能発達は、名詞「わけ」の終助詞化とも言え、伝統的文法化プロセスの 1 例でもある。

14　構文化についても、日英語の例が挙げられると良かったが、まだ日本語 DM について構文化例の具体的な明確なものが見つからず、まずは英語例を挙げておく。今後の研究の発展に期待したい。

15　Traugott（2022b）の書ほかでは、constructional change と呼ばれていたが、今は constructional shift という呼び方がよりよい、とのことである（Traugott p.c. 2023/06/28）。なぜなら、構文変化と言っても、形式－意味の、形式面（統語カテゴリ面）はそのままで、意味だけが「内容的→（部分的に）語用論的」へと変わる移行だからということである。

第６章
談話標識から文法・言語学を問い直す

1.　談話標識（の発達）についての最近の書４冊

2022年3月11日、HiSoPra[*]研究会の指定討論でも触れたが、最近、文法化理論者から相次いで談話標識の発達に関する書が発表された。

（1）　Narrog and Heine. 2021. *Grammaticalization*. Oxford: Oxford UP.

（2）　Heine, Kaltenböck, Kuteva, and Long. 2021. *The Rise of Discourse Markers*. Cambridge UP.

（3）　Traugott. 2022a. *Ten Lectures on a Diachronic Constructionalist Approach to Discourse Structuring Markers.* Leiden: Brill.

（4）　Traugott. 2022b. *Discourse Structuring Markers in English: A Historical Constructionalist Perspective on Pragmatics*. Amsterdam: Benjamins.

上の4冊である。(1)では、Heiko NarrogとBernd Heineによって、DMsの発達についての仮説として、1. 文法化・2. 語用論化・3. 語彙化・4. 文文法からの組み入れ/利用（cooptation）が議論されている。(2)では、Heineと彼の同僚達が、この4プロセスに加え、5. 構文化をあげている。一方、Elizabeth Closs Traugottは、Goldbergの理論を中心に、構文文法を通時的に採用し、構文化という新しいアプローチからDMsの発達について説明しようとしている。(3)は中国で行われた講演からまとめられたもので、(4)は新たに書き下ろされた新刊である。

2021年から22年にかけ、このように、1980年頃から盛んにおこなわれてきた文法化研究・理論の牽引者Heine、Traugottによって、DMsの発達をめぐる議論を扱った新刊4冊が次々と出たことは注目に値する。このことは、文法化をめぐる議論においても、談話標識の発達が投げた論点の大きさを物語っているだろう。言語変化一般において、談話標識の発達が大きなテーマとなることを提示したとも言える。

それはつまり、言語の真の姿に迫る際に、(1)人のインタラクションの観察ははずせない、という点と、(2)(談話標識などの)語用論的要素や談話的要素が、文法(grammar)と語用論のいずれに含まれるか、という問題だと言える。DMsは、これを観察するのに、人のインタラクションをふんだんに含んだ話しことばの中で見ることが最良の方法である。人がどんな時に、どのように、どのDMを用いて、どんなことを行っているのか、が手に取るように見えてくる。この問題を、インタラクションの問題、つまり語用論(か社会言語学)の中で扱っていれば大きな困難はないが、いったん、全体の文法化など、文法との問題で考えると、困難が出てくる。つまるところ、DMsの問題は、インタラクションとして語用論で扱うべきか、文法の枠組みで考えるべきなのか、という難問と言える大問題に遭遇するのである。

以下、この書の最終章では、こうした問題に留意しながら、研究者たちがどのようにDMsの(特に)発達の問題を扱ってきたかを、I. 文法化、II. 語用論化、III. 文文法からの組み入れ(cooptation)、IV. 構文化という4つのアプローチを概観しながら、考えてみよう。

DMsの発達が文法化にあたるのか、どの仮説的理論的プロセスだと判断するのがよいのか、言語学では時々議論の的となってきた。そうした問いにも答えたい。

2. 文法化

文法化については、第5章で述べたように、DMsの通時的発達は多くの文法化メカニズムの性質を示しながらも、(1) 拘束性/依存性(bondedness/

bonding) の減小、(2) 作用域の拡大 (scope expansion) が、伝統的文法化の性質に違反するため、文法化ではないと退けられるか、または、拡大する文法化という別建てを設けて、含められてきた。

拡大する文法化と考えれば、無理なく DMs の発達を文法化の一部と考えることができ、問題点の 1 つの解決となっただろう (第 5 章 1.1、1.2 を参照されたい)。

拡大する文法化の議論を展開してきた研究には、Traugott (1995, 2010a, 2010b)、Tabor and Traugott (1998)、Traugott and Dasher (2002)、Brinton (1996, 2017)、Onodera (2011)、小野寺 (2014)、トラウゴット (2011)、原田 (2015) などがある。

Brinton (2017: 27) で述べられているように、PMs/DMs の発達については、最も多くの研究が文法化の枠組みでなされてきたと思われる。

3.　語用論化

語用論化 (pragmaticalization) も、DMs の発達が一体何というプロセスなのかという議論に必ず登場してきた考え方であった。Erman and Kotsinas (1993)、Aijmer などが論じてきた。つまり、(伝統的) 文法化メカニズムに照らした時、(発達後の) DMs の文法性がどこまで認められるか、という議論となり、プロセスとしては文法化ではなく、語用論的発達のみを示すという意味で、語用論化と扱われた。

4.　文文法からの組み入れ

「組み入れ」(cooptation) は、Heine による新しい解決策・考え方であり、本書ではここで初出となるため、少し詳細に述べなければならない。

「組み入れ / 利用」(cooptation) は、DMs のそもそもの生起 / 起こりを引き起こすメカニズムとして、文法化に加え、考えられたものであると Heine らは説明する。Heine と同僚による 2011 年くらいからの仕事があり、Heine et al. (2017) にも詳しい説明がある (Heine et al. 2021: 65)。

まずは説明のために、下の(1)の例文を見ていただきたい。

（1） a ***You probably know already*** that our chairman will resign next month.
b Our chairman, ***you probably know already***, will resign next month.
c Our chairman, ***you know***, will resign next month.

(Heine et al. 2021: 65)

(1) a、b はともに ***you probably know already*** というテキスト部分を含んでおり、a、b とも同じ意味を持つと言ってよい。ところが、そのテキスト部分はそれぞれ相当異なっている。(1) a では主節をなし、「我々の議長は来月退任する」という節を補部 (complement) として持っている。これは補部標識 (complementizer) that に導かれている。簡潔に言えば、(1) a が英語の文文法の標準的文である。

一方 b の「あなたは多分もう知っていることですが」(***you probably know already***) は、文法的に全く異なり、これは通常「離接詞」(disjunct)、挿入句 (parenthetical)、また「談話文法の枠組みで」は "thetical"[1] (語用論要素) (Kaltenböck et al. 2011) と呼ばれる。Theticals の定義と文法的性質については、すぐあとに後述するので、そちらを参照頂きたい。

では、(1)b、c のイタリックの部分が(1)a とどのように異なるのか、について2説あげられる。1つは、おおかた議論の余地がないと考えられるのが、(1)a のような文文法による構文が、(1)b、c のような theticals のもととなっているという説だ。そして、もう1つの仮説がここで説明する「文文法からの組み入れ」(cooptation) というものだ。この仮説にのっとって言うと、(1) b の太字部分は、(1) a のような構文から、ある方法によって派生する。すなわち、英語の話者が ***you probably know already*** や ***you know*** といったものを別の文に組み込む (coopt) ことを可能にする操作である。そうした操作を「組み入れ」(cooptation) と呼ぶ。組み入れは、認知コミュニケーション的操作であり、話者に、文レベルの意味の視点から、談話状況に根ざしたメタレベルの推論の視点へと移行させてくれる。この操作のおかげで、話者は前者のレベルの表現を、テキストの構成をするために、後者のレベルへと変更できる。

組み入れの定義は、次の(2)のとおりである(Heine et al. 2021: 67)。

(2) 組み入れ(cooptation)とは、文文法における語・句・節や他のテキスト部分を、thetical(語用論要素)に変えて、談話を処理するメタテキストレベルで使用されるよう配備する、生産的な操作のことである。その機能は談話の状況から決定されるが、a テキストを構成する線形化からの抑制に打ち勝つ、b 情報の源を提供する、c 精緻化や説明を施したり、コメントや補助的情報を提供したりして、テキストをより広い視点の中に置く。d 話し手の態度を描いたり、e 聞き手と交流する。

組み入れられるテキスト、すなわち theticals((1)b の ***you probably know already*** や(1)c の ***you know***)は、その機能によって、文の左や右の周辺部や文中に、文法的に文に統合される形ではなく、置かれる。

組み入れの起きる際の効果は次の a–f のようなものであり、DMs の生起の際に観察できるものである(Heine et al. 2021: 68)。

a 意味：文の一部としての意味から、文の外側の意味となる。
b 機能：文を構成する機能から、メタテキスト機能へと変わる。
c 統語：文の統語的構成素から、統語的には切り離された立場へと変わる。
d 韻律：韻律的に統合されたものから、統合されない、またはより統合されないものへと変わる。
e 意味語用論的作用域：より限られた作用域から、より広い作用域へと変わる。
f 配置：位置的には、決まったものから、より決まっていない配置がなされる。
(Heine et al. 2021: 68)

また、theticalsとは、下の(3)のイタリック体の部分を指し、組み入れは大変生産性のある操作とされている。(3)に見るように組み入れられる要素は、省略(ellipsis)されている様相を多く示している。

(3) a Our chairman, ***you know,*** will resign next month.
b Our chairman, ***can you believe it?,*** will resign next month.
c Our chairman, ***don't tell anybody!,*** will resign next month.
d Our chairman, ***what a pity!,*** will resign next month.

文文法から見れば、省略的な部分があるように見えるが、話し手・聞き手により修復可能なものだろう。つまり、必ずしも文文法の意味論的統語論的慣習にのっとっていなくても、組み入れにより、発話者は「良い形の発話を作る」ことができる。これは重要なことだろう。

Heine et al. (2021)の考え方は、談話文法(discourse grammar)の枠組みを考えており、文文法(sentence grammar)とthetical文法(thetical grammar)の区別をしている。DMsはメタテキスト的な表現の種類というより、parentheticals(挿入句; 'I think' 'you know' など)とともに、theticalsというより広い種類に入る。

Theticalsの定義は(4)のとおりである。「組み入れ」の定義と合わせて、参照いただきたい。

(4) Theticalsとは、談話の状況によって機能が決定する「組み入れ」られる要素のことである。その機能は、a テキストを構成する線形化からの抑制に打ち勝つ。b テキスト部分をパッケージする。c 情報の源を知らせる。d たとえば、精緻化、また説明・コメント・付加的情報を提供することにより、より広い視点からテキストを置く。e 話し手の態度を描き、f 聞き手と交流する。 (Heine et al. 2021: 72; 筆者訳)

Heine et al.にとって、DMsをtheticalsの一部と示すことは重要なことであり、次の(5)がtheticalsの文法的性質である。

（5）　Theticalsの文法的性質
　a 意味：その意味は、同伴している文の意味の一部ではない。
　b 機能：その機能はメタテキスト的(metatextual)である。
　c 統語：Theticalsは、それが起きている文の統語的構成素ではない。
　d 韻律：Theticalsは、文の他の部分から、韻律的に切り離されている。
　e 意味語用論的作用域：Theticalsは、文を超えた作用域を持つ。
　f 配置：その談話機能により、配置される場所はフレキシブルである。
(Heine et al. 2021: 73; 筆者訳)

こうした性質は、parentheticalsについて書かれた文献でも見つかるものだろう。また、DMsの性質としてよく言われるものも含まれている。

文法化と組み入れが、DMs生起を起こす2つのメカニズムだとHeineらは述べた。文法化とは、文を構築するのに話者に新しいパタンや形式を持たせることのできるメカニズムである。一方、組み入れは、言語表現を談話処理プロセスのメタテキストレベルに移動させることのできるメカニズムであ

	文法化 2	組み入れ
意味	文内部での意味の変化	文の一部としての意味から 文の外側の意味へ
機能	文内部での機能的依存性の増加	文内部の機能から メタテキスト的機能へ
統語	文内部での統語的統合の増加	統語的には、統合から、 切り離された状態へ
韻律	韻律的明確さの減小	韻律的明確さの増加
意味語用論的作用域	文内で作用域は 変化するかもしれない	文内の作用域から 文を超えた作用域へ
配置	配置の自由度の減小	配置の自由度の増加

図1　文法化と組み入れで典型的に見られる、表現の変化(Heine et al. 2021: 77)

る。文法化は、DMsの歴史の初めから終わりまで伴うプロセスだが、組み入れは、ほんの短い集中した側面だけに関わる。すなわち、問題の表現が、文レベルから談話のメタテキストレベルに移動するその時だけに関わる。最後に、組み入れと文法化で起きる変化について、対照的に図1にまとめる。ある表現が、組み入れと(伝統的)文法化を経験したときに現れる変化ということである。

「組み入れ」(cooptation)の終わりに、筆者の、DMsの発達をどの理論的プロセスで説明するのが良いかという点に対する考えも付しておく。Heine et al. (2021: 169) では、日本語のDMsとして「でも・だけど」の例も挙げられており、「でも・だけど」の発達も組み入れが作用して起きたと考えられている。組み入れは、時間をかけたプロセスではなく、即時的(simultaneous)なものとされているが、筆者は、「でも・だけど」や他の日本語のDMs(また一般にどの言語のDMs)も、時間をかけて、言語共同体の中で作られ、共有され、だんだんと普及するものと考えている。その点でも、「でも・だけど」、また、一般にDMsは文法化(拡大する文法化、または、伝統的縮小する文法化)、あるいは、構文化による産物ではないかと考える。

Heine et al. による組み入れ(cooptation)の考え方は、2つの文法(文文法と談話文法)を設定し、その間の行き交いに関するメカニズムであり、大変参考になるが、ことDMsの生起に関してより、別の「話しことば」の仕組みの生起についての説明にも用いることができるのではと思う。

5. 構文化

構文化(constructionalization)は、談話標識の発達を捉えようとするアプローチの中で、最近出てきた枠組みである。1990年、2000年、2020年代となっても、DMsの通時的研究には文法化の枠組みを取るものが多く見られるが、新しい構文化の枠組みの利点もある。

2000年代、文法化の枠組みで多くの研究がDMsの発達について取り組んでいたが、一部の研究者は構文化へと切り替えたと言える。Traugott

(2022b)の書によって、その考え方は明確に打ち出された。

構文化は、用法基盤の構文文法を、通時的研究へと採用したもので、このアプローチについては、本書第5章5節「構文化」から、6.3「英語 after all の構文化・構文変化」までに、構文化メカニズム・構文変化・変化の漸進性・英語 DM の構文化例などにわたり、詳細に説明しているため、そちらを参照いただければ幸いである。

DMs の発達研究にとって、文法化でなく、構文化アプローチを用いる最大の利点は、なんといっても「伝統的縮小する文法化」に違反する2点「拘束性 / 依存性(bonding)」「DMs の作用域(scope)」について言及不要の点である[3]。文法化の枠組みでは、伝統的文法化のパラメータといった性質があったため、違反した点を一般的文法化の性質に含めないようにしたほうが良い(Tabor and Traugott 1998)といった議論が必要になったり、新たに「拡大する文法化(grammaticalization as expansion)」という考え方を提示し、説明を要していた。

文法化アプローチでは、形式と意味とを分けて、形式面の発達・意味面の発達を見ることが多い一方で、構文化アプローチでは「意味―形式」のペアリングを「構文」と見なすため、上の作用域・拘束 / 依存性の議論を必要としない。やはり、この作用域・拘束 / 依存性の議論が必要とならない点が、DMs の発達を「構文化」の枠組みで見る最大の利点ではないかと思う。

以上、DMs の発達を説明しようとする通時的研究のアプローチとして、文法化・語用論化・文文法からの組み入れ・構文化の4つの枠組みを紹介した。DMs の発達というプロセスが、いったい何という言語変化プロセスにあたると説明するのが最も良いのか、最も事実に即しているのか、言語学でときどき議論になってきた。この問題は、つまりは、談話標識という、人のインタラクション(コミュニケーション)の中で欠くことのできない必須項目が、ことインタラクションを中心に扱う語用論で説明されるべきものなのか、もっと言語の文法全体という枠組みの中で説明されるべき(または、説明できるもの)なのか、という問題に置き換えられることを示している。

文法化アプローチでは、言語の機能意味モデル(functional-semantic model

of language）を用いて、言語の主要機能３つ（指示機能（referential function）・接続機能（textual function）・表出機能（expressive function））から、１つ１つのDM の意味機能を読み解いていく深さがあり、言語の機能についての理解が深まるアプローチであった。一方、構文化アプローチも、用法基盤という社会言語学と極めて親和性の高い、社会的要因・コンテクストを取り込む研究であり、DMs の発達も扱いやすいという利点があった。構文１つ１つが、他の構文とどのような関係で結節を結び、ネットワークを作っているか。すなわち、これこそが人の言語についての知識（knowledge）と考えるアプローチで、ちょうど言語という人の知識を真上から鳥瞰図として見渡すことができる方法であろう。現在まだ、構文化アプローチで明らかにされた、個々のDMs の歴史的発達は多くはないが、今後の研究の発展に大きな期待が寄せられる。（英語においては Hilpert 2019 がある[4]。）

最後に、文法と語用論の関係について、示唆に富んだ一節を引用し、最終章を締めくくりたい。トラウゴットは、『歴史語用論入門』（2011 年）に収められた「文法化と（間）主観化」という論文の中で、文法と語用論の関係について、次のように述べている。

> ［…］最近では、この発達［文法化］に関して、主に２つの異なる考え方がある。ひとつは、発達によって縮小（reduction）が起こるという考え方で、これは「伝統的」または「狭い」見方と一般に言われている。もうひとつは、発達によって拡張（extension）が起こるという考え方である。これらの２つの考え方は相補的である。なぜなら、前者は形式がどのように発達したかについて答え、後者はどのような機能変化が起こるかについて答えるといったぐあいに、それぞれ別個の問いかけに対する答えとなるからである。縮小するという見方と拡張するという見方の違いは、「文法」に関する理解の違いにもよっている。つまり、前者の場合、語用論は核となる文法には含まれないと考えられているが、後者の場合、語用論は文法の一部であると考えられている。
>
> （トラウゴット 2011: 59–60; 福元広二訳）

トラウゴットは、自らが提唱した「(DMsなどの)拡大する文法化」においては、語用論は文法の一部であると考えられているとしている。「伝統的縮小する文法化」においては、語用論は核となる文法には含まれないと述べている。まさに、この分岐点こそが、私たちが検討・挑戦すべき「談話標識から文法を問い直す」議論点であると思われる。

伝統的文文法は、「文」(sentence)の形を設定し、「自立語があることが必要条件」と考えてきた(Sadanobu 2021参照)。しかし、私たちが自然発話の話しことばを題材にして、言語の分析をする時、伝統的標準的「文」の形はなかなか見られず、そこから逸脱したものが圧倒的に多い。感嘆詞「ああ!」のみで終わるもの、「結局、2回戦は棄権しちゃって。」のように、動詞連用形で終わるもの、「昨日、渋谷行ったし。」「それでバイト辞めたけど。」など(伝統的には)接続助詞と呼ばれる要素で終わるケースなど。私たちは、長い間、文文法を中心に言語研究を行ってきたが、文法とインタラクションのどちらを先に考えるかという基本的な問題に直面する時、インタラクションの方が先にある、という重要な結論が、昨今の言語学においてはわかってきたのではないだろうか？　いくつかエビデンスがある。伝統的意味論が、コンテクストを取り込み、語用論に近づいたのも1つである。意味研究においても、人のインタラクションを通して、語の意味が主観的・間主観的に変化することがわかってきた。また、文法化研究から、日本語の特徴である敬語は、上下関係という文化的性質を含む社会におけるインタラクションを通して、その性質を反映させ、構築・文法化されてきたことが理解されるようになった。

この、文法とインタラクション(語用論)の問題は、第6章で取り上げた「DMsの発達を説明する仮説的アプローチ」(文法化・語用論化・組み入れ・構文化)にも現れている。「文法化」では、DMsが伝統的文文法の枠組みに納まらないことから、拡大する文法化が考えられた。「語用論化」では、やはりDMsの文法性という疑問から、文法化の議論を避けていた。「組み入れ」では、伝統的文文法と談話文法の2本立てで、この問題に対処した。そして、「構文化」では、唯一、言語の意味(「形式―意味」のペアリングのうちの意味）に「語用論的性質・情報構造・談話機能、使用に関する社会的要因」（Croft 2005: 131 図 4 参照）という言語使用・コンテクスト面（つまり語用論的な側面）を取り入れていた。

今後、人のインタラクション（語用論の問題）を文法に含めるか否か、まだ検討は続けられるだろう。談話（インタラクション）の文法をどうするのか、といった問題も検討されていくだろう。

談話標識は、伝統的文法から見て接続機能を伴った接続詞とも見られ、そして、インタラクションにおいては、人が談話を続けていくのに無くてはならない要素である。文法と語用論的談話機能のはざまにある要素だけに、談話標識という言語現象から、文法・言語学を問い直すことができ、このことは今後の言語学の重要な課題の 1 つであろう。

注

1 Thetical は、cooptation にともない、Heine et al. (2021) で考えられた用語で、語用論的要素を指す (parentheticals 参照)。まだ定まった訳語が見られないため、仮に語用論要素としておく。

2 Heine et al. (2021) は、図 1 において、伝統的文法化と組み入れの比較を行っている。

3 DMs は、どの言語においても、そもそも発話頭（文頭）に出るものが多いと考えられることが多かった。発話頭の英語 DMs である But、And、Indeed や、日本語 DMs「だけど、でも」は拡大する文法化を経て DM となる。このとき、伝統的文法化の基準的性質である「拘束 / 依存性 (bonding, boundness) の増加」「作用域の縮小」には違反し、依存性の縮小 (要素の自立語化)・作用域の増大を起こす。ただ、日本語の終助詞のように、発話末に出現する要素を DM と見なす場合は、自由な内容語から、依存性の高い要素への移行であるので、伝統的文法化と同じように「拘束 / 依存性の増加」「作用域の縮小」を起こす。

4 和書で、構文化を主題としたものには、これまで、秋元・前田（編）(2013)、秋元・青木・前田（編）(2015) などがある。

参照文献

阿部圭子・小野寺典子・井出祥子. 1997.「海外(欧米)の社会言語学分野での研究動向」『言語とコミュニケーションに関する研究概観』pp.9–47. 平成 8 年度文部省科学研究費補助金 基盤研究(B)(1)(企画調査)研究成果報告書

Aijmer, Karin. 1997. I Think – An English Modal Particle. In T. Swan, and O. J. Westvik (eds.) *Modality in Germanic Languages: Historical and Comparative Perspectives*, pp.1–47. Berlin: Mouton de Gruyter. https://doi.org/10.1515/9783110889932.1

Aijmer, Karin. 2002. *English Discourse Particles: Evidence from a Corpus*. Amsterdam: John Benjamins.

Aijmer, Karin. 2013. *Understanding Pragmatic Markers: A Variational Pragmatic Approach*. Edinburgh: Edinburgh University Press.

Aijmer, Karin and Anne-Marie Simon-Vandenbergen. (eds.) 2006. *Pragmatic Markers in Contrast* (Studies in Pragmatics). Amsterdam: Elsevier.

Aijmer, Karin, and Anne-Marie Simon-Vandenbergen. 2011. Pragmatic Markers. In Jan Zienkowski, Jan-Ola Östman, and Jef Verchueren (eds.), *Discursive Pragmatics*, pp.223–247. Amsterdam: John Benjamins. https://doi.org/10.1075/hoph.8.13aij

秋元実治. 2001.「文法化とは」秋元実治(編)『文法化：研究と課題』東京：英潮社.

秋元実治・保坂道雄(編). 2005.『文法化：新たな展開』東京：英潮社.

秋元実治・青木博史・前田満(編). 2015.『日英語の文法化と構文化』東京：ひつじ書房.

秋元実治・前田満(編). 2013.『文法化と構文化』東京：ひつじ書房.

青木博史. 2019.「接続詞と文法化：中世後期「抄物資料」を中心に」第 4 回「文法化」ワークショップ(GJNL-4; 於 東北大学 2019/11/30)発表論文.

青木博史・高山善行(編). 2020.『日本語文法史キーワード事典』東京：ひつじ書房.

荒木一雄(編). 1999.『英語学用語辞典』東京：三省堂.

Andersen, H. 2001. Actualization and the (Uni) directionality. In H. Andersen (ed.) *Actualization: Linguistic Change in Progress*, pp.225–248. Amsterdam: John Benjamins. https://doi.org/10.1075/cilt.219.11and

Antilla, R. 2003. Analogy: The Warp and Woof of Cognition. In B. D. Joseph and R. D. Janda (eds.) *The Handbook of Historical Linguistics*, pp.425–440. Oxford: Blackwell. https://doi.org/10.1002/9780470756393.ch10

Auchlin, Antoine. 1981. Mais, Heu, Pis Bon, Ben Alors Voila, Quoi! Marqueurs de Structuration de la Conversation et Completude. *Cahiers de Linguistique Française. Les*

Differents Types de Marqueurs et La Determination des Fonctions des Actes de Language en Contexte(Part 2). Unité de linguistique Française.

Beeching, Kate. 2016. *Pragmatic Markers in British English: Meaning in Social Interaction.* Cambridge: Cambridge University Press. https://doi.org/10.1017/CBO9781139507110

Beeching, Kate and Ulrich Detges(eds.). 2014. *Discourse Functions at the Left and Right Periphery: Crosslinguistic Investigations of Language Use and Language Change.* Leiden: Brill.

Beeching, Kate and Yu-Fang Wang. 2014. Motivations for Meaning Shift at the Left and Right Periphery: *Well, Bon* and *Hao.* In Kate Beeching and Ulrich Detges(eds.) *Discourse Functions at the Left and Right Periphery: Crosslinguistic Investigations of Language Use and Language Change*, pp.47–71. Leiden: Brill.

Benus, Stefan, Agustin Gravano, and Julia Hirschberg. 2007. Prosody, Emotions, and... whatever. *Interspeech* 2007. www1.cs.columbia.edu/nlp/papers/2007/benus_al _07 a.pdf.

Blakemore, Diane. 1987. *Semantic Constraints on Relevance.* Oxford: Blackwell.

Blakemore, Diane. 1992. *Understanding Utterances.* Oxford: Blackwell.

Blakemore, Diane. 2002. *Relevance and Linguistic Meaning: The Semantics and Pragmatics of Discourse Markers.* Cambridge: Cambridge University Press.

Bright, William O. 1960. Social Dialect and Language History. *Current Anthropology* 1: 5–6, pp.424–425.

Brinton, Laurel J. 1996. *Pragmatic Markers in English: Grammaticalization and Discourse Functions.* Berlin and New York: Mouton de Gruyter.

Brinton, Laurel J. 2010. Discourse Markers. In Andreas H. Jucker and Irma Taavitsainen (eds.) *Historical Pragmatics*, pp.285–314. Berlin: De Gruyter Mouton.

Brinton, Laurel J. 2017. *The Evolution of Pragmatic Markers in English: Pathways of Change.* Cambridge: Cambridge University Press.

Brown, Gillian and George Yule. 1983. *Discourse Analysis.* Cambridge: Cambridge University Press.

Busse, Ulrich. 2002. *Linguistic variation in the Shakespeare corpus: Morpho-syntactic variability of second-person pronouns.* Amsterdam: John Benjamins.

Bybee, J. 2003. Mechanisms of Change in Grammaticalization: The Role of Frequency. In B. D. Joseph and R. D. Janda(eds.) *The Handbook of Historical Linguistics*, pp.602–623. Oxford: Blackwell. https://doi.org/10.1002/9780470756393.ch19

Bybee, J. L. 2010. *Language, Usage and Cognition.* Cambridge: Cambridge University Press. https://doi.org/10.1017/CBO9780511750526

Cha, Ji-Hyeon. 2010. Interaction of Prosody and Discourse Function: Korean Discourse Marker *Mwe* in the Sentence-Final Position. *Language Facts and Perspectives* 25, pp.227–256.

Cheshire, Jenny. 2007. Discourse Variation, Grammaticalization and Stuff Like That. *Journal of Sociolinguistics* 11.2, pp.155–193.

Choi, Jane. 2007. A Corpus-Based Discourse Analysis of Korean Discourse Markers: An Analysis of Spoken and Written Use. Ph.D. dissertation, University of California, Los Angeles.

Couper-Kuhlen, Elizabeth and Margret Selting. 2018. *Interactional Linguistics: Studying Language in Social Interaction.* Cambridge: Cambridge University Press.

Croft, William. 2001. *Radical Construction Grammar: Synchronic Theory in Typological Perspective.* Oxford: Oxford University Press.

Croft, William. 2005. Logical and Typological Arguments for Radical Construction Grammar. In J. O. Östman and M. Fried (eds.) *Construction Grammars: Cognitive Grounding and Theoretical Extensions,* pp.273–314. Amsterdam: John Benjamins. https://doi.org/10.1075/cal.3.11cro

Degand, Liesbeth. 2014. 'So Very Fast Then' Discourse Markers at Left and Right Periphery in Spoken French. In Kate Beeching and Ulrich Detges (eds.) *Discourse Functions at the Left and Right Periphery: Crosslinguistic Investigations of Language Use and Language Change*, pp.151–178. Leiden: Brill.

Degand, Liesbeth and Maria-josep Cuenca (eds.) 2022. *Discourse Markers in Interaction: From Production to Comprehension* (Trends in Linguistics, 376). Berlin: De Gruyter Mouton.

Dér, Csilla Ilona. 2010. On the Status of Discourse Markers. *Acta Linguistica Hungarica* 57 (1), pp.3–38. https://doi.org/10.1556/Aling.57.2010.1.1

Du Bois, John. 2002. Discourse and Grammar. In Michael Tomasello (ed.) *The New Psychology of Language* Vol.2. Mahwah, New Jersey: Lawrence Erlbaum Associates.

Ducrot, Oswald. 1980. Analyses Pragmatiques. *Communications* 32, pp.11–60.

Erman, Britt and Ulla-Britt Kotsinas. 1993. Pragmaticalization: The case of *ba'* and *you know*. *Studier i modern språkve-tenskap* 10, pp.76–93.

Ferguson, Charles. 1972. *Language Structure and Language Use.* Stanford: Stanford University Press.

Fischer, Kerstin. 2006. *Approaches to Discourse Particles*. Amsterdam: Elsevier.

Fischer, Kerstin. 2010. Beyond the Sentence: Constructions, Frames and Spoken Interaction. *Constructions and Frames* 2(2), pp.185–207.

Fischer, O. 2007. *Morphosyntactic Change: Functional and Formal Perspectives.* Oxford:

Oxford University Press.

Fischer, O. 2011. Grammaticalization as Analogically Driven Change? In H. Narrog and B. Heine (eds.) *The Oxford Handbook of Grammaticalization*, pp.31–42. Oxford: Oxford University Press. https://doi.org/10.1093/oxfordhb/9780199586783.013.0003

Fishman, Joshua. 1968. *Readings in the Sociology of Language*. The Hague: Mouton.

フィッツモーリス，スーザン（中安美奈子 訳）2018.「18世紀の英語ポライトネス：立場依存的な多義性と誠実さ」高田博行・小野寺典子・青木博史（編）『歴史語用論の方法』，pp.310–331. 東京：ひつじ書房.

Fludernik, Monika. 1995. Middle English *þo* and Other Narrative Discourse Markers. In Andreas H. Jucker (ed.) *Historical Pragmatics*, pp.359–392. Amsterdam: John Benjamins.

Fox Tree, Jean E. 2015. Discourse Marking in Writing. *Discourse Studies* 17 (1), pp.64–82. https://doi.org/10.1177/1461445614557758

Fraser, Bruce. 1988. Types of English Discourse Markers. *Acta Linguistica Hungarica* 38, pp.19–33.

Fraser, Bruce. 1996. Pragmatic Markers. *Pragmatics* 6: 2, pp.167–190.

Fraser, Bruce. 2006. Towards a Theory of Discourse Markers. In Kerstin Fischer (ed.) *Approaches to Discourse Particles*, pp.189–204, Amsterdam: Elsevier.

Fraser, Bruce. 2009. An Account of Discourse Markers. *International Review of Pragmatics* 1, pp.293–320.

Fujii, Seiko. 2000. Incipient Decategorization of MONO and Grammaticalization of Speaker Attitude in Japanese Discourse. In Gisle Andersen and Thorstein Fretheim (eds.) *Pragmatic Markers and Propositional Attitude*, pp.85–118. Amsterdam: John Benjamins.

Fukumoto, Hiroji. 2003. Imperative Uses of *Say* in Shakespeare: From the Viewpoint of Grammaticalization. In *Studies in Modern English: The Twentieth Anniversary Publication of the Modern English Association*, pp.325–336. Tokyo: Eichosha.

Gazdar, G. 1979. *Pragmatics: Implicature, Presupposition and Logical Form*. NY: Academic Press.

Ghezzi, Chiara. 2014. The Development of Discourse and Pragmatic Markers. In C. Ghezzi and P. Molinelli (eds.) *Discourse and Pragmatic Markers from Latin to the Romance Languages* (Oxford Studies in Diachronic and Historical Linguistics), pp.10–26. Oxford: Oxford University Press.

Ghezzi, Chiara and Piera Molinelli. 2014a. Deverbal Pragmatic Markers from Latin to Italian (Lat. *QUAESO* and It. *prego*): The Cyclic Nature of Functional Developments. In C. Ghezzi and P. Molinelli (eds.) *Discourse and Pragmatic Markers from Latin to the Romance Languages*(Oxford Studies in Diachronic and Historical Linguistics), pp.61–85. Oxford: Oxford University Press.

Ghezzi, Chiara and Piera Molinelli. 2014b. Italian *Guarda, Prego, Dai*: Pragmatic Markers and the Left and Right Periphery. In Kate Beeching and Ulrich Detges(eds.) *Discourse Functions at the Left and Right Periphery: Crosslinguistic Investigations of Language Use and Language Change*, pp.117–150. Leiden: Brill.

Ghezzi, Chiara and Piera Molinelli (eds.). 2014. *Discourse and Pragmatic Markers from Latin to the Romance Languages*(Oxford Studies in Diachronic and Historical Linguistics) Oxford: Oxford University Press.

Givón, Talmy. 1979. *On Understanding Grammar*. New York: Academic Press.

Givón, Talmy. 2005. *Context as Other Minds: The Pragmatics of Sociality, Cognition, and Communication*. Amsterdam: John Benjamins.

Goffman, Erving. 1974. Frame Analysis. Cambridge, Mass.: Harvard University Press.

Goldberg, Adele E. 1995. *Constructions: A Construction Grammar Approach to Argument Structure*. Chicago: University of Chicago Press.

Goldberg, Adele E. 2003. Constructions: A New Theoretical Approach to Language. *Trends in Cognitive Sciences* 7, pp.219–224. https://doi.org/10.1016/S1364-6613(03)00080-9

Goldberg, Adele E. 2006. *Constructions at Work: The Nature of Generalization in Language*. Oxford: Oxford University Press.

Goldberg, Adele E. 2019. *Explain Me This*. Princeton University Press.

Goldberg, Julia Anna. 1980. *Discourse particles: An analysis of the role of* y'know, I mean, well, *and* actually *in conversations*. Cambridge: University of Cambridge dissertation.

Grice, H. Paul. 1975. Logic and Conversation. In Cole P. and J. L. Morgan(eds.) *Syntax and Semantics 3: Speech Acts*, pp.41–58. NY: Academic Press.

Gumperz, John. 1971. *Language in Social Groups*. Stanford: Stanford University Press.

Gumperz, John. 1982. *Discourse Strategies*. Cambridge: Cambridge University Press.

Günthner, Susanne. 1996. From Subordination to Coordination?: Verb-Second Position in German Causal and Concessive Constructions. *Pragmatics* 6: 3, pp.323–356.

Günthner, Susanne. 2000. From Concessive Connector to Discourse Marker: The Use of *Obwohl* in Everyday German Interaction. In E. Couper-Kuhlen and Bernd Kortmann (eds.). *Cause-Condition-Consession-Contrast: Cognitive and Discourse Perspectives*, pp.439–468. NY: Mouton de Gruyter.

Halliday, M.A.K. and Ruqaiya Hasan. 1976. *Cohesion in English*. London: Longman Group.

Hansen, Maj-Britt Mosegaard. 1997. *Alors* and *Donc* in Spoken French: A Reanalysis. *Journal of Pragmatics* 28, pp.153–187.

Hansen, Maj-Britt Mosegaard. 1998. *The Function of Discourse Particles: A Study with Special*

Reference to Spoken Standard French. Amsterdam: John Benjamins. 10.1075/pbns.53.

Hansen, Maj-Britt Mosegaard. 2014. Cyclicity in Semantic/Pragmatic Change: The Medieval Particle *Ja* Between Latin *IAM* and Modern French *Déjà*. In C. Ghezzi and P. Molinelli (eds.) *Discourse and Pragmatic Markers from Latin to the Romance Languages* (Oxford Studies in Diachronic and Historical Linguistics), pp.139–165. Oxford: Oxford University Press.

原田幸一. 2015.「若年層の日常会話における「トイウカ」の使用：縮約形「てか・つか」に注目して」『日本語の研究』第 11 巻 3 号，pp.16–31.

Haselow, Alexander. 2011. Discourse Marker and Modal Particle: The Functions of Utterance-Final *Then* in Spoken English. *Journal of Pragmatics* 43, pp.3603–3623.

Haselow, Alexander. 2013. Arguing for a Wide Conception of Grammar: The Case of Final Particles in Spoken Discourse. *Folia Linguistica* 47(2), pp.375–424. https://doi.org/10.1515/flin.2013.015

Haugen, E. 1966. *Language Conflict and Language Planning: The Case of Modern Norwegian.* Cambridge, Mass.: Harvard University Press.

早野薫．2017.「修復の組織」『日本語学』36.4, pp.82–92.

早野薫．2019.「レヴィンソンが牽引するインタラクション研究」『語用論研究』20, pp.160–167.

Heine, Bernd. 1997. *Possession: Cognitive Sources, Forces, and Grammaticalization.* Cambridge: Cambridge University Press.

Heine, Bernd. 2013. On Discourse Markers: Grammaticalization, Pragmaticalization, or Something Else?" *Linguistics* 51(6), pp.1205–1247. https://doi.org/10.1515/ling-2013-0048

Heine, Bernd, Ulrike Claudi, and Friederike Hünnemeyer. 1991. *Grammaticalization: A Conceptual Framework.* Chicago: University of Chicago Press.

Heine, Bernd, Christa König, and Karsten Legère. 2017. A Text Study of Discourse Markers in Akie, a Southern Nilotic Language of Tanzania. In Raija Kramer and Roland Kießling (eds.) *Mechthildian Appraoches to Africanistik: Advances in Language-Based Research on Africa, Festschrift für Mechthild Reh*, pp.147–167. Cologne: Rüdiger Köppe.

Heine, Bernd, Gunther Kaltenböck, Tania Kuteva, and Haiping Long. 2021. *The Rise of Discourse Markers.* Cambridge, UK: Cambridge University Press.

Higashiizumi, Yuko. 2006. *From a Subordinate Clause to an Independent Clause: A History of English* because-*clause and Japanese* kara-*clause.* Tokyo: Hituzi Syobo Publishing.

Hilpert, Martin. 2019. *Construction Grammar and Its Application to English.* Edinburgh: Edinburgh Univ. Press.

Hilpert, Martin. 2021. The Road Ahead for Construction Grammar: Connections, Controversies, and Collaborations. Presented paper at the Workshop: Reconsidering the Structure, Function, and Role of Construct-i-con: Toward an Empirical Study of Construction Grammar, Japan Cognitive Linguistics Association (JCLA) 22nd Annual Conference. (2021/9/4 Online)

Holmes, Janet. 1988. *Sort of* in New Zealand Women's and Men's Speech. *Studia Linguistica* 42 (2), pp.85–121. https://doi.org/10.1111/j.1467-9582.1988.tb00788.x

Hopper, Paul J. 1991. On Some Principles of Grammaticalization. In E.C. Traugott and B. Heine (eds.) *Approaches to Grammaticalization* Vol. 1, pp.17–35. https://doi.org/10.1075/ tsl.19.1.04hop

Hopper, Paul J. 1997. Emergent Grammar. In Michael Tomasello (ed.) *The New Psychology of Language*, pp.155–175. Mahwah, New Jersey: Lawrence Erlbaum Associates.

Hopper, Paul J. and Elizabeth Closs Traugott. 1993. *Grammaticalization*, 1st Edition. Cambridge: Cambridge University Press.

Hopper, Paul J. and Elizabeth Closs Traugott. 2003. *Grammaticalization*, 2nd Edition. Cambridge: Cambridge University Press.

堀江薫．2004.「談話と認知」中村芳久（編）『認知文法論 II』pp.247–278. 東京：大修館書店.

堀江薫．2022.「（歴史）語用論・（歴史）社会言語学の基盤としての「話しことば」研究」HiSoPra* 研究会　冒頭言.（2022 年 3 月 11 日）

堀江薫・金廷珉．2011.「日韓語の文末表現に見る語用論的意味変化：機能主義的類型論の観点から」高田博行・椎名美智・小野寺典子（編）『歴史語用論入門』, pp.193–207.

Hymes, Dell. 1962. The Ethnography of Speaking. In T. Gladwin and W. Sturtevant (eds.) *Anthropology and Human Behaviour*, pp.13–53. Washington D.C.: Anthropological Society of Washington.

Hymes, Dell. 1974. Toward Ethnographies of Communication. In *Foundations in Sociolinguistics: An Ethnographic Approach*, pp.3–28. Philadelphia: University of Pennsylvania Press.

Noriko Iwasaki. 2020. Japanese Fillers as Discourse Markers: Meanings of "Meaningless" Elements. In W. M. Jacobsen and Y. Takubo (eds.) *Handbook of Japanese Semantics and Pragmatics*, pp.799–837. Berlin: De Gruyter Mouton.

岩崎勝一．2020.「言語知識はどのような形をしているか―個人文法の多重性と統合性―」中山俊秀・大谷直輝（編）『認知言語学と談話機能言語学の有機的接点：用法基盤モデルに基づく新展開』ひつじ書房.

Jacobs, Andreas and Andreas H. Jucker. 1995. The Historical Perspective in Pragmatics. In A.

H. Jucker (ed.) *Historical Pragmatics*, pp.3–33. Amsterdam: John Benjamins.
Johnstone, Barbara. 2008. *Discourse Analysis.* 2nd Edition. Oxford, UK: Blackwell.
Jones, Rodney H. 2012. *Discourse Analysis: A Resource Book for Students*. London and New York: Routledge.
Jucker, Andreas H. 1997. The Discourse Marker *Well* in the History of English. *English Language and Linguistics* 1, pp.91–110.
Jucker, Andreas H., and Yael Ziv (eds.). 1998. *Discourse Markers: Descriptions and Theory.* (Pragmatics & Beyond New Series) Amsterdam: John Benjamins.
Kaltenböck, Gunthner, Bernd Heine, and Tania Kuteva 2011. On Thetical Grammar. *Studies in Language* 35:4, pp.848–893.
Kemmer, S. and M. Barlow. 1999. Introduction: A Usage-Based Conception of Language. In M. Barlow and S. Kemmer (eds.) *Usage-Based Models of Language*, pp.vii-xxviii. Stanford, CA: CSLI Publications.
Kempson, Ruth. 1977. *Semantic Theory*. Cambridge: Cambridge University Press.
Kiparsky, P. 1968. Linguisic Universals and Linguistic Change. In E. Bach, and R.T. Harms (eds.) *Universals in Linguistic Theory*, pp.171–202. Holt, Rinehart and Winston.
Kuryłowicz, Jerzy. 1975 (1965). The Evolution of Grammatical Categories. *Esquisses Linguistiques* 2, pp.38–54. (*Diogenes* 1965: pp.55–71.)
金水敏. 2005.「日本語の敬語の文法化と意味変化」『日本語の研究』1: 3, pp.18–31.
桐生和幸. 2018.「ネワール語の名詞化辞＝gu の意味拡張：16 世紀から現代における文法化と（間）主観的意味への変化」高田博行・小野寺典子・青木博史（編）『歴史語用論の方法』pp.166–188.
Kleiner, Brian. 1998. Whatever – Its Use in "Pseudo-Agreement". *Journal of Pragmatics* 30, pp.589–613. https://doi.org/10.1016/S0378-2166(98)00030-7
串田秀也・平本毅・林誠. 2017.『会話分析入門』東京：勁草書房.
Labov, William. 1972. The Transformation of Experience in Narrative Syntax. *Language in the Inner City,* pp.354–396. Philadelphia: University of Pennsylvania Press.
Leech, Geoffrey N. 1983. *Principles of Pragmatics*. London: Longman.
Lehmann, Chiristian. 1995. *Thoughts on Grammaticalization*. München: Lincom Europa.
Lehmann, Chiristian. 2002. *Thoughts on Grammaticalization*. 2nd Revised Edition. ASSidUE: Arbeitspapiere des Seminars für Sprachwissenschaft der Universität Erfurt, 9. www.christianlehmann.eu/publ/ASSidUE09.pdf
Levinson, Stephen C. 1983. *Pragmatics*. Cambridge: Cambridge University Press.
Lewis, Diane. 2006. Discourse Markers in English: A Discourse-Pragmatic View. In Fischer (ed.), *Approaches to discourse particles*, pp.61–76. Amsterdam: Elsevier.
Liberman, Mark. 2007. WEV. *Language Log*. August 3, 2007. http://languagelog. ldc.upenn.

edu/~myl/languagelog/archives/004781.html
Lyons, John. 1977. Semantics. 2 vols. Cambridge: Cambridge University Press.
Lyons, John. 1987. Semantics. In J. Lyons, et al.(eds.), *New Horizons in Linguistics 2*, pp.152–178. London: Penguin.
Maschler, Yael and Deborah Schiffrin. 2015. Discourse Markers: Language, Meaning and Context. In D. Tannen, H. Hamilton and D. Schiffrin(eds.), *The Handbook of Discourse Analysis Volume 1*, 2nd Edition, pp.189–221. West Sussex: John Wiley & Sons.
Matsumoto, Yo. 1988. From Bound Grammatical Markers to Free Discourse Markers: History of Some Japanese Connectives. BLS 14, pp.340–351.
松本曜．2019.「意味論と語用論は近づいたか」『語用論研究』第 20 号，pp.103–108. 日本語用論学会.
松尾文子・廣瀬浩三・西川眞由美(編)．2015.『英語談話標識用法辞典』東京：研究社.
メイナード泉子，K．1993.『会話分析』東京：くろしお出版.
Maynard, Senko K. 1993. *Discourse Modality: Subjectivity, Emotion and Voice in the Japanese Language.* Amsterdam: John Benjamins.
Meillet, Antoine. 1948(1912). L'évolution des formes grammaticales. In A. Meillet(ed.), Linguistique Historique et Linguistique Générale. Tome I, pp.130–148. Paris: Champion.
Milroy, J. and L. Milroy. 1985. Linguistic Change, Social Network, and Speaker Innovation. *Journal of Linguistics* 21:2, pp.339–383. https://doi.org/10.1017/ S0022226700010306
水田洋子．2023.「談話標識としての「なんなら」：意味機能の語彙的要素と文脈依存性について」『語用論研究』vol. 24, pp.121–145.
Mori, Junko. 1996. *Historical Change of the Japanese Connective Datte: Its Form and Functions.* In N. Akatsuka, S. Iwasaki and S. Strauss(eds.) *Japanese/Korean Linguistics 5*, pp.201–218. Stanford, CA: CSLI Publications.
成田あゆみ・日比野克哉．2003.『ディスコースマーカー英文読解』静岡：Z 会出版.
ナロック・ハイコ．2016.「テーマ解説　文法化」青木博史・小柳智一・高山善行(編)『日本語文法史研究 3』，pp.241–254. 東京：ひつじ書房.
Narrog, Heiko and Bernd Heine. 2021. *Grammaticalization.* Oxford: Oxford University Press.
NINJAL(National Institute for Japanese Language and Linguistics; 国立国語研究所)．1955.『談話語の実態』東京：秀英出版.
西阪仰(訳)．2010.『会話分析基本論集』東京：世界思想社.
Ochs, Elinor, Emmanuel A. Schegloff, and Sandra A. Thompson(eds.) 1996. *Interaction and Grammar.* Cambridge: Cambridge University Press.
大堀寿夫．2005.「日本語の文法化研究にあたって：概観と理論的課題」『日本語の研究』

第 1 巻 3 号，pp.1–17.

Okamoto, Shigeko. 2011. The Use and Interpretation of Addressee Honorifics and Plain Forms in Japanese: Diversity, Multiplicity, and Ambiguity. *Journal of Pragmatics* 43, pp.3673–3688.

奥津敬一郎．1978.『「ボクハウナギダ」の文法：ダとノ』東京：くろしお出版.

Ono, Tsuyoshi and Sandra Thompson.（eds.）2020. *The 'Noun Phrase' Across Languages*. Amsterdam: John Benjamins. https://doi.org/10.1075/tsl.128.12ono

Ono, Tsuyoshi, Sandra Thompson and Yumi Sasaki. 2012. Japanese Negotiation Through Emerging Final Particles in Everyday Talk. *Discourse Processes* 49.3–4, pp.243–272.

Onodera, Noriko Okada. 1993. Pragmatic Change in Japanese: Conjunctions and Interjections as Discourse Markers.（Volumes I and II）Georgetown University Ph.D. dissertation.

Onodera, Noriko Okada. 1995. Diachronic Analysis of Japanese Discourse Markers. In Andreas H. Jucker（ed.）*Historical Pragmatics*, pp.393–437. Amsterdam: John Benjamins.

Onodera, Noriko O. 1999. Frame-Shift Markers in English: An Analysis of *So* and *Anyway*. *Bulletin for College of Humanities* 40（1998）, pp.1–14. Aoyama Gakuin University.

Onodera, Noriko Okada. 2004. *Japanese Discourse Markers: Synchronic and Diachronic Discourse Analysis.* Pragmatics & Beyond New Series 132. Amsterdam: John Benjamins.

Onodera, Noriko O. 2011. The Grammaticalization of Discourse Markers（Chapter 50）. In Heiko Narrog and Bernd Heine（eds.）*The Oxford Handbook of Grammaticalization*, pp.614–624. Oxford: Oxford University Press.

小野寺典子．2011.「第 4 章　談話標識（ディスコースマーカー）の歴史的発達：英日語に見られる（間）主観化」高田博行・椎名美智・小野寺典子（編）『歴史語用論入門』，pp.73–90.

Onodera, Noriko O. 2014. Setting Up a Mental Space: A Function of Discourse Markers at the Left Periphery（LP）and Some Observations about LP and RP in Japanese. In Kate Beeching and Ulrich Detges（eds.）*Discourse Functions at the Left and Right Periphery: Crosslinguistic Investigations of Language Use and Language Change*, pp.92–116. Leiden: Brill.

小野寺典子．2014.「談話標識の文法化をめぐる議論と「周辺部」という考え方」金水敏・高田博行・椎名美智（編）『歴史語用論の世界』，pp.3–27. 東京：ひつじ書房.

小野寺典子（編）．2017.『発話のはじめと終わり：語用論的調節のなされる場所』東京：ひつじ書房.

小野寺典子．2017.「語用論的調節・文法化・構文化の起きる周辺部：『こと』の発達を例に」小野寺典子（編）『発話のはじめと終わり：語用論的調節のなされる場所』，pp.99–117.

小野寺典子．2018.「構文化アプローチによる談話標識の発達：これまでの文法化・(間)主観化に替わるアプローチ」高田博行・小野寺典子・青木博史(編)『歴史語用論の方法』，pp.116–140. 東京：ひつじ書房.

小野寺典子．2020.「アメリカ英語における General Extenders の談話標識化・文法化」米倉よう子・山本修・浅井良策(編)『ことばから心へ：認知の深淵　吉村公宏教授退職記念論文集』，pp.278–289. 東京：開拓社.

小野寺典子．2021.「間主観的から接続的へという変化：意味機能変遷のもう１つの方向性」天野みどり・早瀬尚子(編)『構文と主観性』東京：くろしお出版.

小野寺典子．2022.「談話の規則性」井上史雄・田邊和子(編)『社会言語学の枠組み』，pp.171–190. 東京：くろしお出版.

Onodera, Noriko O. 2023a. Discourse Markers and Grammaticalization(3.5). In Xinren Chen and Doreen Wu(eds.) *East Asian Pragmatics: Common Topics and Indigenous Concerns.* NY: Routledge.

Onodera, Noriko O. 2023b. Discourse Markers and Grammaticalization(6.5). In Xinren Chen and Doreen Wu(eds.) *East Asian Pragmatics: Common Topics and Indigenous Concerns.* NY: Routledge.

Onodera, Noriko O. and Ryoko Suzuki. 2007. Historical Changes in Japanese: With Special Focus on Subjectivity and Intersubjectivity, Introduction. In Onodera and Suzuki (eds.) *Special Issue: Historical Changes in Japanese – Subjectivity and Intersubjectivity, Journal of Historical Pragmatics* 8: 2. pp.153–169.

大塚高信・中島文雄(監修)．1983.『新英語学辞典』東京：研究社.

Östman, Jan-Ola. 1981. *'You know': A Discourse Functional Approach.* Amsterdam: John Benjamins.

Overstreet, Maryann. 1999. *Whales, Candlelight, and Stuff Like That: General Extenders in English Discourse.* Oxford: Oxford University Press.

Overstreet, Maryann. 2014. The Role of Pragmatic Function in the Grammaticalization of English General Extenders. *Pragmatics* 24:1, pp.105–129.

Pichler, Heike and Stephen Levey. 2011. In Search of Grammaticalization in Synchronic Dialect Data: General Extenders in Northeast England. *English Language and Linguistics* 15.3, pp.441–471.

Pons Bordería. 2014. Paths of Grammaticalization in Spanish *O Sea.* In C. Ghezzi and P. Molinelli(eds.) *Discourse and Pragmatic Markers from Latin to the Romance Languages* (*Oxford Studies in Diachronic and Historical Linguistics*), pp.109–136. Oxford: Oxford University Press.

Portner, Paul. 2006. Meaning(Ch. 4). In Ralph W. Fasold and Jeff Connor-Linton(eds.) *An Introduction to Language and Linguistics,* pp.137–168. Cambridge: Cambridge

University Press.

Prince, Ellen. 1981. Toward a Taxonomy of Given-New Information. In Peter Cole(ed.), *Radical Pragmatics*. Cambridge, MI: Academic Press.

Rhee, Seongha. 2000. On Determinants of Discourse Marker Functions: Grammaticalization and Discourse-Analytic Perspectives. *Linguistic Research* 37(2), pp.289–325.

Rhee, Seongha. 2016. LP and RP in the Development of Discourse Markers from "What" in Korean. In Higashiizumi, Onodera and Sohn(eds.) *Special Issue: Periphery – Diachronic and Cross-Linguistic Approaches. Journal of Historical Pragmatics* 17:2, pp.255–281.

Rhee, Seongha. 2020. The Power of the Unspoken: Ellipsis and Grammaticalization in Korean and Beyond. *Studies in Linguistics* 56, pp.1–36.

Rissanen, Matti. 1986. Variation and the Study of English Historical Syntax. In David Sankoff(ed.) *Diversity and Diachrony*, pp.97–109. Amsterdam: John Benjamins.

Sacks, H. 1967–1972. *Lecture Notes*. Mimeo. Department of Sociology, University of California, Irvine.

Sacks, H., E.A. Schegloff, and G. Jefferson. 1974. A Simplest Systematics for the Organization of Turn-Taking in Conversation. *Language* 50:4, pp.696–735.

Sadanobu, Toshiyuki. 2021. Is Discourse Made up of Sentences?: Focusing on Dependent Grafted Speech in Modern Standard Japanese. *Journal of Japanese Linguistics* 37(2), pp.151–180.

佐藤恵．2018.「ドイツ語の前置詞 wegen の歴史的変遷：文法化と規範化」高田博行・小野寺典子・青木博史(編)『歴史語用論の方法』，pp.189–217.

Schiffrin, Deborah. 1987. *Discourse Markers*. Cambridge: Cambridge University Press.

Schiffrin, Deborah. 1994. *Approaches to Discourse*. Cambridge, Mass.: Blackwell.

Schiffrin, Deborah. 2006. Discourse(Chapter 5). In Ralph W. Fasold and Jeff Connor-Linton(eds.) *An Introduction to Language and Linguistics*. Cambridge: Cambridge University Press.

Schourup, Lawrence C. 1985. *Common Discourse Particles in English Conversation*. NY: Garland.

Schourup, Lawrence C. 1999. Tutorial Overview: Discourse Markers. *Lingua* 107, pp.227–265.

Schwenter, Scott A. and Elizabeth Closs Traugott. 2000. Invoking Scalarity: The Development of *In Fact*. *Journal of Historical Pragmatics* 1:1, pp.7–25.

Scivoletto, Giulio. 2022. *Discourse Markers in Sicily. A Synchronic, Diachronic, and Sociolinguistic Analysis*. Leiden: Brill.

Scollon, Ron and Suzanne Wong Scollon. 2001. *Intercultural Communication: A Discourse*

Approach. Second Edition. Oxford: Blackwell.

渋谷良方．2022.「認知言語学と歴史社会言語学と歴史語用論の接点：認知言語学の社会的転回が通時的言語研究にもたらすもの」第５回 HiSoPra* 研究会　（歴史社会言語学・歴史語用論研究会）講演（2022/3/11）

Siepmann, Dirk. 2005. *Discourse Markers Across Languages.* London and New York: Routledge.

Sohn, Sung-Ock S. and Stephanie Hyeri Kim. 2014. The Interplay of Discourse and Prosody at the Left and Right Periphery in Korean: An Analysis of *Kuntey* 'But'. In Kate Beeching and Ulrich Detges (eds.) *Discourse Functions at the Left and Right Periphery: Crosslinguistic Investigations of Language Use and Language Change*, pp.221–249. Leiden: Brill.

Sperber, D. and D. Wilson. 1995 (1986). *Relevance: Communication and Recognition.* Oxford: Blackwell.

Stenström, Anna-Brita. 1998. From Sentence to Discourse: Cos (because) in Teenage Talk. In Andreas H. Jucker and Yael Ziv (eds.) *Discourse Markers: Descriptions and Theory,* pp.127–146. Amsterdam: John Benjamins.

Stubbs, Michael. 1983. *Discourse Analysis: The Sociolinguistic Analysis of Natural Language* (Language in Society, 4). Chicago: University of Chicago Press.

Suzuki, Ryoko. 1998. From a Lexical Noun to an Utterance-Final Pragmatic Particle *Wake.* In Toshio Ohori (ed.) *Studies in Japanese Grammaticalization: Cognitive and Discourse Perspectives*, pp.67–92. Tokyo: Kurosio Publishers.

Suzuki, Ryoko. 1999. *Grammaticization in Japanese: A Study of Pragmatic Particle-ization.* Ph.D. dissertation, University of California Santa Barbara.

Suzuki, Ryoko. 2007. (Inter) subjectification in the Quotative *Tte* in Japanese Conversation: Local Change, Utterance-ness and Verb-ness. In Onodera Noriko O. and Ryoko Suzuki (eds.) *Special Issue: Historical Changes in Japanese. Journal of Historical Pragmatics* 8.2, pp.207–237.

Sweetser, Eve. 1990. *From Etymology to Pragmatics: Metaphorical and Cultural Aspects of Semantic Structure.* Cambridge: Cambridge University Press.

Tabor, Whitney, and Elizabeth C. Traugott. 1998. Structural Scope Expansion and Grammaticalization. In Anna Giacalone Ramat and Paul J. Hopper (eds.) *The Limits of Grammaticalization.* (Typological Studies in Language 37), pp.229–272. Amsterdam: John Benjamins.

Tagliamonte, Sali A. 2015. *Making Waves: The Story of Variationist Sociolinguistics.* Chichester: Wiley-Blackwell. https://doi.org/10.1002/9781118455494

Tagliamonte, Sali A. and Derek Denis. 2010. The Stuff of Change: General Extenders in Toronto, Canada. *Journal of English Linguistics* 38(4), pp.335–368. https://doi.org/10.1177/0075424210367484

高田博行・椎名美智・小野寺典子(編). 2011.『歴史語用論入門：過去のコミュニケーションを復元する』東京：大修館書店.

高田博行・小野寺典子・青木博史(編). 2018.『歴史語用論の方法』東京：ひつじ書房.

高木智世・細田由利・森田笑. 2016.『会話分析の基礎』東京：ひつじ書房.

Takahara, Paul O. 1998. Pragmatic Functions of the English Discourse Marker *Anyway* and Its Corresponding Contrastive Japanese Discourse Markers. In A. Jucker and Y. Ziv(eds.) *Discourse Markers: Descriptions and Theory*, pp.327–351. Amsterdam: John Benjamins.

Takamura, Ryo. 2022. The Discourse Marker *Well* as an Interpersonal Management Marker in Spoken Discourse. Aoyama Gakuin University Ph.D. dissertation.

Tannen, Deborah. 1984. *Conversational Style: Analyzing Talk Among Friends*. Norwood, NJ: Ablex.

Tannen, Deborah. 1989. *Talking Voices: Repetition, Dialogue, and Imagery in Conversational Discourse*. Cambridge: Cambridge University Press.

Traugott, Elizabeth Closs. 1982. From Propositional to Textual and Expressive Meanings: Some Semantic-Pragmatic Aspects of Grammaticalization. In Winfred P. Lehmann and Yakov Malkiel(eds.) *Perspectives on Historical Linguistics*, pp.245–271. Amsterdam: John Benjamins.

Traugott, Elizabeth Closs. 1989. On the Rise of Epistemic Meanings in English: An Example of Subjectification in Semantic Change. *Language* 65:1, pp.31–55.

Traugott, Elizabeth Closs. 1995. The Role of Discourse Markers in a Theory of Grammaticalization. Paper presented at the 12th International Conference on Historical Linguistics, Manchester, UK, August 1995. www.stanford.edu/~traugott/ect-papersonline.html.

Traugott, Elizabeth Closs. 2003. From Subjectification to Intersubjectification. In Raymond Hickey(ed.) *Motives for Language Change*, pp.124–139. Cambridge, UK: Cambridge University Press.

Traugott, Elizabeth Closs. 2004. Historical Pragmatics. In Laurence R. Horn, and Gregory Ward(eds.), *The Handbook of Pragmatics*, pp.538–561. Oxford: Blackwell.

Traugott, Elizabeth Closs. 2010a. Grammaticalization. In Andreas H. Jucker and Irma Taavitsainen(eds.) *Handbook of Historical Pragmatics*, pp.97–126. Berlin: De Gruyter Mouton.

Traugott, Elizabeth Closs. 2010b. Grammaticalization. In Silvia Luraghi and Vit Bubenik (eds.) *A Continuum Companion to Historical Linguistics*, pp.269–283. London:

Continuum Press.

トラウゴット，エリザベス クロス．2011.「文法化と(間)主観化」高田博行・椎名美智・小野寺典子(編)『歴史語用論入門』，pp.59–70. 東京：大修館書店.

Traugott, Elizabeth Closs. 2014. A Construction Grammar Model of a Speaker's Knowledge of Language. Lecture at Workshop(1) Soken Project.(Aoyama Gakuin University, Tokyo, December 3.)

Traugott, Elizabeth Closs. 2016. On the Rise of Types of Clause-Final Pragmatic Markers in English. *Journal of Historical Pragmatics* 17:1, pp.26–54. https://doi.org/10.1075/jhp. 17.1.02tra

Traugott, Elizabeth Closs. 2022a. *Ten Lectures on a Diachronic Constructionalist Approach to Discourse Structuring Markers.* Leiden: Brill.

Traugott, Elizabeth Closs. 2022b. *Discourse Structuring Markers in English: A Historical Constructionalist Perspective on Pragmatics.* Amsterdam: John Benjamins.

Traugott, Elizabeth Closs and Bernd Heine(eds.). 1991. *Approaches to Grammaticalization*, vols. I & II. Amsterdam: John Benjamins.

Traugott, Elizabeth C. and Graeme Trousdale. 2013. Constructionalization and Constructional Changes. Oxford: Oxford University Press.

Traugott, Elizabeth C. and Richard B. Dasher. 2002. *Regularity in Semantic Change.* Cambridge: Cambridge University Press.

Urgelles-Coll, Miriam. 2010. *The Syntax and Semantics of Discourse Markers.* London and New York: Continuum International Publishing Group.

Verschuren, Jef. 1999. *Understanding Pragmatics.* London: Arnold.

van der Wouden and Ad Foolen. 2015. Dutch Particles in the Right Periphery. In S. Hancil, A. Haselow and M. Post(eds.) *Final Particles*, pp.221–247. Berlin: De Gruyter.

van Dijk, Teun. 1979. Pragmatic Connectives. *Journal of Pragmatics* 3, pp.447–456.

Yamada, Haru. 1997. *Different Games, Different Rules: Why Americans and Japanese Misunderstand Each Other.* Oxford : Oxford University Press.

Yap, Foong Ha, Ying Yang, and Tak-Sum Wong. 2014. On the Development of Sentence Final Particles(and Utterance Tags) in Chinese. In Kate Beeching and Ulrich Detges (eds.) *Discourse Functions at the Left and Right Periphery: Crosslinguistic Investigations of Language Use and Language Change*, pp.179–220 . Leiden: Brill.

好井裕明・山田富秋・西阪仰(編)．1999.『会話分析への招待』京都：世界思想社.

Yngve, Victor H. 1970. On Getting a Word in Edgewise. *Papers from the Sixth Regional Meeting.* Chicago Linguistic Society.

あとがき

1987年Schiffrin先生による*Discourse Markers*が出版された年の夏、米国スタンフォード大学でアメリカ言語学会の研修があり、シフリン教授のコースも受講し、初めてお目にかかった。ちょうどその頃、留学先を探していたが、オフィスで話した帰り際、See you at Georgetown! と言って頂き、そのおことば通り、翌年からジョージタウン大学言語学部へ留学し、シフリン教授、タネン教授、ラルフ・ファゾルド教授らから語用論・社会言語学・談話分析を学ぶこととなった。あれから40年弱の間、談話標識をはじめとして談話分析・語用論研究を続ける中で、様々な方々から教えを頂き、交流させて頂き、感謝に堪えない。

談話標識については、2002年頃から科研費の研究補助を頂き、2006年からは高田博行氏・鈴木亮子氏と科研費による共同研究を行い、これは日本における初期の歴史語用論研究になった。その後、高田氏をPIとした学習院大学プロジェクトでは、Andreas H. Jucker氏・Irma Taavitsainen氏・Elizabeth Closs Traugott氏も来日され、研究を深めた。2014年からの青学大総合研究所プロジェクトでは、トラウゴット氏・澤田淳氏・東泉裕子氏などと、発話頭・発話末という「周辺部」研究を行い、談話への理解が深められた。2014年からのハイコ・ナロック氏をPIとした文法化研究でも、文法化への考察を続けることができた。

現在もさまざまな研究仲間の方々と交流し、談話について、また、人のインタラクションの中の規則性などについて、教えられ、そして、学び続けている。特に、堀江薫氏・大野剛氏・定延利之氏・中川奈津子氏・金水敏氏・早瀬尚子氏・井上史雄氏・田邊和子氏・メイナード泉子氏・秋元実治氏・青木博史氏・Giulio Scivoletto氏から多大なインプットを頂き、研究の刺激を与えて頂いた。

藤井洋子氏・高村遼氏には、本書の草稿をお読み頂き、貴重なご意見を頂戴した。

皆様に厚く御礼申し上げます。

また、企画段階から校了まで、数々の編集の労をお取りくださった、海老澤絵莉氏にも感謝申し上げます。

ここではとても挙げきれないほど多くの方々・研究仲間と楽しく交流させて頂き、心より御礼申し上げます。

2024 年 9 月東京・青山にて
小野寺 典子

索　引

人名

S

T

V

あ-ん

事項

【著者紹介】

小野寺典子（おのでら　のりこ）

東京都生まれ。上智大学文学部卒業。埼玉大学文化科学研究科修士課程言語文化論専攻修了。日本女子大学文学研究科博士後期課程英文学専攻退学。ジョージタウン大学大学院言語学部博士課程修了（Ph.D. in linguistics）。青山学院大学専任講師、准教授を経て、現在、教授。専門は、言語学・語用論・談話分析・社会言語学・歴史語用論。

［主な著書］

Japanese Discourse Markers: Synchronic and Diachronic Discourse Analysis（John Benjamins, 2004）、『発話のはじめと終わり：語用論的調節のなされる場所』（ひつじ書房、2017、編）、『歴史語用論入門：過去のコミュニケーションを復元する』（大修館書店、2011、共編）、『歴史語用論の方法』（ひつじ書房、2018、共編）、「第 9 章　談話の規則性」『社会言語学の枠組み』（くろしお出版、2022、分担執筆）ほか。

談話標識へのアプローチ―研究分野・方法論・分析例

Approaches to Discourse Markers: Fields, Methodologies, and Analyses

Onodera Noriko

発行　2024 年 9 月 24 日　初版 1 刷
定価　2800 円＋税
著者　© 小野寺典子
発行者　松本功
装丁者　三好誠（ジャンボスペシャル）
組版所　株式会社 ディ・トランスポート
印刷・製本所　株式会社 シナノ
発行所　株式会社 ひつじ書房
〒 112-0011 東京都文京区千石 2-1-2 大和ビル 2 階
Tel.03-5319-4916 Fax.03-5319-4917
郵便振替 00120-8-142852
toiawase@hituzi.co.jp　https://www.hituzi.co.jp/

ISBN978-4-8234-1230-1

[刊行書籍のご案内]

ちょっとまじめに英語を学ぶシリーズ　5

英語談話標識の姿

廣瀬浩三・松尾文子・西川眞由美著（シリーズ監修　赤野一郎・内田聖二）

定価 1,600 円＋税

コミュニケーションは、話し手の発話意図を巧みに伝え、聞き手が誤解することなく理解できれば成功したと言える。その成功の鍵を握るのが談話標識である。本書では、英語談話標識について、個々の用法を詳細に述べると同時に、英語談話標識の全体像を明らかにしている。談話標識の理解を深めることで、ネイティブスピーカーの「心」が見える。